로고스호프 이야기

LOGOS
HOPE

로고스호프 LOGOS HOPE

항구에서 항구로 그리스도의 희망을 나르는 젊은이들의 이야기

이야기 신사랑 외 지음

Holy
WavePlus

항해를 기다리며

- 강민구 선교사 -

로고스호프의 항해를 간절히 기다리며 나는 1년간 크로아티아의 트로기르Trogir라는 소도시에 위치한 조선소에서 노동자로 살았다. 그때의 경험으로 인해 나는 창세기의 노아라는 인물을 존경하기 시작했다. 노아가 하나님의 명령에 따라 방주를 짓기 시작했을 때 그는 아마 배비슷한 것을 본 적도 없었을 것이다. 그는 상상으로만 방주를 그려보면서, 그 기나긴 세월 오직 하나님의 말씀에 순종하여 묵묵히 방주를 지었다.

한국행 항공권을 손에 쥔 그날이 내 생애에서 가장 기쁜 날이었다. 대한민국 최북단 백령도에서 2년간 해병으로 복무하고 전역했던 순간보다 기뻤다. 이런 말 하기는 좀 뭐하지만, 사랑하는 아내에게 청혼을 해서 승낙을 받던 날과 결혼식 당일, 그리고 아이들을 가슴에 안았을 때보다 그날이 더욱 기뻤다.

나는 선교사로 파송을 받고 로고스2호라는 선교선에서 사역하던 중 자원하여 로고스호프로 사역지를 옮겼다. 로고스2호에서는 1년간의 적응기를 거친 후에 사진기자로 사역하게 되었다. 때로는 한 나라의 대통령이나 장관들을 만나기도 하고 그 나라의 교도소나 정부 기관, 장애인 센터 등 다양한 곳을 다닐 수 있었다.

그러던 중 하나님께서 나에게 무엇인가 더 내려놓아야 한다고 말씀하시는 듯한 감동을 받았다. 로고스2호에 남아야 할 그럴듯한 이유가 스무 가지도 넘게 있었지만, 로고스호프에 간다면 하나님을 더 경험할 수 있을 것만 같았다. 실제로는 로고스호프에서 내가 한 일이라고는 노동밖에 없었지만 그럼에도 그 기간은 하나님을 더 깊이 경험할 수 있었던 시간이었다. 하지만 현실적으로는 정말 힘든 시간이었다. 한국에 있는 가족들에게도 어려움이 끊이지 않았다. 아버지는 위암 수술을 받으셨고, 누나들의 가정에도 어려운 일들이 있었다. 형은 사업을 시작했는데 큰 어려움을 겪고 있었다. 게다가 매일같이 내가 듣는 것이라고는 로고스호프의 첫 항해가 연기되었다는 소식뿐이었다.

"계획이 있기 때문에 변경할 수 있는 것입니다."

호주 출신 기관장인 데이빗의 이 멋진 말이 그때는 너무나 싫었다. 정서적으로 육체적으로 탈진 상태에 거의 다다랐는데 들리는 소식 중 어떤 것도 나를 일으켜 세워줄 만한 것이 없었다. 어쩌면 당시 내 머릿속에는 자기 연민과 가족들에 대한 걱정밖에 없었는지도 모른다. 결국 나는 이 배와 단 한 번의 항해도 하지 못하고 귀국하게 되었다. 내가 로고스호프에서의 노동을 마치고 귀국한 후 2년의 시간이 지나서야 그 배는 항해를 시작할 수 있었다. 그리고 로고스호프에서의 경험은 나에게 숙제가 되었다. 하나님께서 나를 왜 로고스호프로 보내셨는가?

선교가 무엇일까? 성경적·역사적·문화적·전략적인 대답이 아니라 여러분 각자에게 선교란 무엇을 의미하는가? 우리는 선교에 대해서 제대로 알아야 한다. 하지만 머리가 아닌 삶으로 경험해야 한다. 나의 대답은 이것이다.

'선교란 하나님이 부르신 자리에서 하나님을 경험하는 것이다.' 많은 훈련과 다양한 사역들 속에서 결국 중요한 것은 하나님과의 관계, 곧 하나님과 내가 대면하는 일이었다. 어디에서 어떤 일을 하는지는 중요하지 않았다.

귀국 후 3년이 지나, 모교회이자 나를 선교사로 파송해준 교회였던 인애교회에서 전도사로 사역하고 있을 때였다.

"신용태 선교사님께서 소천하셨습니다. 문상을 가실 분들은 저녁예배 후 모여주십시오."

중학교 시절, 태어나서 처음 만난 선교사가 바로 신용태 선교사님이셨다. 몇 차례 그분의 설교는 들은 적이 있었지만 개인적으로 말씀을 나눈 적은 없었다. 하지만 나에게 선교와 선교사라는 단어를 처음 알게 해주신 것만으로도 장례식장에 가야 하는 이유는 충분했다. 게다가 그 선교사님의 아들이 로고스호프에 가려고 준비한다는 이야기도 들었다. 그래서 꼭 만나서 말해주고 싶었다. "하나님을 경험하게 될 것입니다." 내가 로고스호프와 함께하지 못했던 사역과 항해를 대신해달라고 부탁하고 싶었다. 그러고는 잠시 생각하게 되었다.

선교란 모두가 그리는 하나의 커다란 그림이 아닌가. 신용태 선교사님의 조각, 그리고 내 작은 조각이 그저 조각으로 끝나지 않았다. 또 다른 사람들의 다른 조각들이 하나씩 하나씩 덧붙여져서 커다란 그림이 되어가는 것이다.

로고스호프에서의 1년도 마찬가지였다. 5년간 약 3000명의 사람들이 짧게는 일주일, 길게는 몇 년 동안 노동만 하다가 돌아갔다. 그들은 멋있는 사역을 할 수 있는 곳으로 가지 않고 땀과 먼지와 소음이 가득할 뿐만 아니라 식사와 잠자리까지 불편한 곳을 선택했다. 그중에는 팔십이 넘은 독일인 할아버지 피터와 폴 형제, 칠십이 넘은 미국인 할머니 조이스, 오랫동안 오엠 선교선에서 갑판의 전설로 통하던 클리프 등 노익장을 과시하는 분들도 있었다. 3개월의 시한부 인생을 선고받고서도 한 달 동안 용접 일을 하다가 돌아간 호주의 고등학교 교사 데이빗, 일주일에 두 시간씩 8년간 영어를 공부하다가 은퇴

후에 단기 선교차 로고스호프에 온 일본인 오사마 야마모토도 있었다.

로고스호프가 첫 항해를 하기까지 많은 것들이 필요했다. 돈도 기술도 기도도 물론 필요했다. 하지만 하나님은 더 근본적인 것을 요구하셨던 것 같다. 바로 이 사역에 자신의 것을 드리는 하나님의 사람들을 찾으셨다. 그들은 다양한 모습의 헌신을 통해서 모두 하나님을 경험할 수 있었다. 그리고 내가 그 수혜자 중 한 명이었던 것이다.

이 책의 많은 부분을 저술한 신사랑 선교사는 신용태 선교사님의 아들로서 아버지의 뒤를 이어 선교사가 되었고, 자신의 어릴 적 꿈이었던 선교선에 승선했다. 하지만 그는 자신도 모르는 사이에 나를 비롯한 3000여 명의 선교사들의 작은 꿈들도 함께 지니고 승선한 것이었다. 아니 신사랑 선교사뿐만 아니라 모든 선교사들은 그들의 사역을 통해 다른 누군가의 꿈을 함께 이루어가는 것이다.

나는 아직도 석 달에 한 번은 로고스호프와 항해하며 분주하게 사역하는 꿈을 꾼다. 그리고 나는 기억한다. 때로는 버거웠지만 하나님을 경험할 수 있었기에 감사했던 순간들을.

* 본문 각단락의 QR코드를 통해 로고스호프 이야기와 관련된 많은 사진과 동영상을 만나보실 수 있습니다.

1975 로고스호 한국 인천 방문

1976 로고스호가 유럽에 있는 동안 두 번째 배를 계획하다.

1977 로고스호가 아프리카에 있는 동안에 이탈리아 'Franca C'라는 배를 구입해서 둘

   로스호라고 명명하다.

1978 로고스호 한국 인천, 부산 방문

1980년대: 도전의 시기

1980 로고스호가 93명의 베트남 보트 피플을 구조하다.

   한국에서 제주, 군산, 인천, 부산을 방문하다.

1981 둘로스호가 남미에서 사역하다.

   로고스호가 중국 상하이를 방문하고 베이징에서 도서 전시회를 갖다.

1988 로고스호가 칠레에서 사역 도중 난파를 당하다. 로고스호가 102개 국가 250개

   항구에서 7백만여 명의 방문객을 만나고 17년간의 사역을 종료하다.

   세계 여러 곳의 후원으로 'Antonio Lazaro/Argo'를 구입해서 로고스2호라고 명

   하다.

1990년대: 결실의 시기

1991 로고스2호가 남미에서 사역을 시작하다.

   둘로스호가 필리핀 잠보앙가(Zamboanga)에서 수류탄 테러를 당해 2명이 죽고

   30명이 다치다.

1992 둘로스호가 인천, 목포, 여수, 제주, 부산, 포항을 방문하다.

1993 둘로스호가 남아공에서 전기 시스템 교체로 인한 장기 수리로 남아공 내륙 사역을 하다.

1994 둘로스호가 아라비아 반도와 흑해 연안 국가로부터 초대를 받다.

둘로스호와 로고스2호가 GBA 25주년 기념으로 프랑스 툴롱(Toulon)에서 조우하다.

1996 둘로스호가 중국 상하이를 방문하다.

1998 로고스2호가 카리브 해에서 스포츠 사역을 시작하다.

둘로스호가 미얀마와 지부티에서 난민 사역을 하다.

1999 파푸아뉴기니 부건빌(Bouginville)의 내전 종식을 둘로스호에서 서명하다.

2000년대: 변화의 시기

2000 로고스2호가 전쟁으로 파괴된 라이베리아를 방문하여 사역하다.

둘로스호가 1천5백만 번째 방문객을 필리핀 마닐라에서 맞이하다.

둘로스호가 중국 난징과 상하이를 방문하다.

2001 둘로스호가 필리핀 세부(Cebu)에서 길거리 아이들을 위한 사역을 시작하다.

둘로스호의 한국 방문 시 당시 영부인이었던 이희호 여사가 승선하다.

로고스2호를 대체할 보다 큰 배를 찾기 시작하다.

2002 둘로스호가 미얀마 양곤(Yangon)에서 입항을 허락 받고 사역하다.

2003 둘로스호가 시에라리온 자유항에서 병원선 'Anastasis'와 나란히 정박하여 공동

사역을 하다.

2004 범 세계적 모금운동을 통해 로고스2호를 대체할 로고스호프를 구입하다(한국 교
회와 성도들이 적극 동참하다).

2005 크로아티아 트로기르(Trogir)에서 로고스호프의 개조 작업을 시작하다.

2007 로고스2호가 리비아 정부 초청으로 리비아에 방문하다.

둘로스호가 한국의 포항, 부산, 목포, 인천을 방문하다.

2008 둘로스호가 아시아 신흥국인 동티모르를 방문하여 사역하다.

로고스2호가 82개 국가 300개 항구에서 천만 명 이상의 방문객을 만나고 20년
의 사역을 종료하다.

2009 로고스호프가 항해 허가를 받고 사역을 시작하다.

둘로스호가 110여 개국 600개가 넘는 항구에서 2천2백만여 명의 방문객을 만나
고 32년 만에 국가 오엠 사역을 종료하다.

2010 로고스호프가 백만 번째 방문객을 받다. 라이베리아의 80개 학교에 5만 권의 책
을 기증하다.

2010년대: 희망의 시기

2011 로고스호프가 북아프리카와 중동에서 5개월 동안 38만 6천 명의 방문객을 받다.

2012 로고스호프의 정기 수리가 예상보다 길어져 약 8개월 동안 사역자들이 선교선 밖
과 전 세계로 흩어져 사역하다.

2014년 여름 로고스호프가 한국을 처음 방문하다.

LOGOS HOPE

Knowledge · Help · Hope

▶ 로고스호프는 오엠 선박들 가운데 가장 큰 규모로서 전 세계 60개국에서 온 400여 명의
사역자들이 공동체를 이루고 있는 '떠다니는 작은 유엔'이라 불립니다.

▶ Bringing Knowledge(지식), Help(구제), Hope(희망)라는 슬로건과 함께 전 세계를 방
문하는 로고스호프는 인종과 종교, 이념을 초월하여 5대양 6대주를 항해하며 그리스도의
복음과 사랑을 전하고 있습니다.

➤ 로고스호프는 "기름이 아닌 기도로 움직이는 기적의 배"로 널리 알려져 있습니다. 오늘도 살아 역사하시는 하나님을 우리 모두 경험할 수 있도록 많은 분들의 기도와 적극적인 동참을 소망합니다.

차 례

► 항해를 기다리며 _강민구 선교사 **5**

► 오엠 선교선 역사 **10**

1. 또 다른 시작 **23**
사랑아, 저 배를 타라 │ 정말 가야 하는 걸까? │ 우리는 부자다

2. 희망에 오르다 **39**
승선 │ 방 배정 │ 계속되는 훈련 │ 함께 기도하는 식구 │ 떠다니는 세계교회

3. 희망의 훈련 **59**
로고스호프 서점 │ 라인업 │ 우리의 진정한 VIP │ 로고스호프에서의 하루 │ 예수님은 네
게 누구시니? │ 리비아로 항해 │ 리비아 입국 │ 우리는 사랑하기 위해 왔다

4. 희망의 무게 **89**
광대한 수맥 │ 우리 안에 있는 감옥(성안나 선교사) │ 약함이 기회 │ 헤드캐셔 │ 택시를 타
고 온 그녀 │ 레바논의 이방인들 │ 해적 │ 우리 남편 부인 하실래요? │ 두바이에서의 기도
드라이브

5. 희망을 전하며 **125**
스리랑카 방문 │ 전도여행 1 │ 전도여행 2 │ 믿음의 도시 오순절 교회 │ 기도 받으러 온 가
족 │ 한계의 인도 바이삭

6. 희망과 성장하며 **163**

마음 따뜻했던 페낭 ┃ 200만 번째 방문객 ┃ 체인지오버 ┃ 시프트 리더 ┃ 테치 형 ┃ M 과 아이들 ┃ 아이나이트

7. 희망을 확인하고 **191**

어릴 적 향수 ┃ 희망의 시작(이원희 선교사) ┃ 코골이들의 합창 ┃ 무슬림 국가에서 온 HIV 강사(이자영 선교사) ┃ 수빅 ┃ 선교편지(이원희 선교사)

8. 희망의 유럽 **221**

유럽 전도여행을 위한 기도 ┃ "You are amazing" ┃ 천국에서 영원토록 만나 볼 사람들 ┃ 10분만 주겠소 ┃ 우리를 만나주심 ┃ 구원은 하나님께 있다 ┃ 주님의 일을 지켜보는 특권 ┃ 여행을 끝내며

9. 희망을 이어가며 **251**

더(The) 드라이 독 ┃ 꿈꾸는 한 사람이 나타날 때까지(박도성 선교사) ┃ 세리와 창기의 친구(박도성 선교사) ┃ 항구를 떠나며

1장
또 다른 시작

 사랑아, 저 배를 타라

1991년 필리핀, 우리 가족이 선교사로 온 지 몇 년 지나지 않았을 때의 일이다. 어느 무더운 날, 우리는 송길원 목사님 가정과 지프니를 대절하여 멀리 여행을 하였다. 당시 나는 9살이었다. 사실 난 그날 어디에 가는지도 잘 몰랐다. 다만 여행을 한다는 사실 때문에 기분이 좋았던 것으로 기억한다. 오랜 여행 끝에 우리는 어느 항구에 도착하였는데, 얼핏 봐도 사람이 참 많았던 것 같다.

많은 사람들이 부두 저편에 정박되어 있는 하얀 배를 향해 가고 있었다. 그때 아버지께서 "사랑아, 이 배가 '둘로스호'라는 선교선인데 배 안에 큰 서점이 있단다"라고 말씀하셨던 기억이 난다.

그 당시 우리를 인도했던 송 목사님이 배에서 사역하는 선교사님 한 분을 알고 있었기 때문에 그분을 통해 서점은 물론이고 배 구석구석을 구경한 후에 배 안에서 저녁식사까지 할 수 있었다. 짧은 방문이었지만 그날의 경험은 어린 나에게 깊은 인상을 주었다. 그래서였는지 어머니 말씀에 따르면 그 배를 방문하고 돌아온 후에, 내가 나중에 커서 그 배를 탈 거라는 이야기를 아주 장황하게 했다고 한다.

그러고 10년이 흘렀다. 부친이 선교지에서 얻으신 지병으로 인해 우리 가족은 한국에 돌아와 있었다. 내가 둘로스호를 처음 보았던 때와는 모든 사정이 달라져 있었다. 그러던 어느 날, 당시 출석하던 교회 외벽에 대형 현수막이 걸렸는데, 거기에는 큰 배의 사진과 함께 '기도로 움직이는 배, 둘로스'라는 표어가 적혀 있었다.

나는 그 현수막이 참 반가웠다. '아, 저 배!' 그때 불현듯 내 마음 가운데 하나님께서 이렇게 말씀하시는 것 같았다.

"사랑아, 너 저 배를 타라."

내 마음 가운데 들려온 이 음성에 나도 모르게 순간적으로 대답하였다. "네, 주님." 그때 갑자기 내 마음이 뜨거워졌고, 나는 비장한 다짐을 하게 되었다. 사람들이 오가는 교회 마당에서의 짧은 순간이었지만 나는 진심을 담아 대답했다. 그러나 당시 나는 고3 학생이었고 앞으로 대학에 진학할 일과 군대에 갈 일을 생각하니 배를 탄다는 것은 상당히 막연하게 느껴졌다. 그런데 흥미로운 것은 이후 신학대학교 입학, 군 생활, 전도사 사역 등 내 삶의 모든 중요한 순간순간에 하

로고스호프 이야기

나님께, "주님, 이제 어떻게 할까요?"라고 물으면 하나님은 그때마다 매번 내가 교회 마당에서 "네, 주님"이라고 대답했었다는 사실을 상기시켜주셨다. 하지만 그때마다 나에게는 핑곗거리가 있었고, 막연히 언젠가는 갈 거라고 생각만 하고 있었다.

시간이 갈수록 그 막연함은 커져만 갔고 상대적으로 내 환경은 익숙하고 편해져갔다. 그러면서 '내가 정말 나갈 수 있을까?'라는 의문이 들기 시작했을 때가 신학대학교 졸업이 임박할 즈음이었다. 한편으로는 한국에서도 해야 할 일이 많다는 생각이 있었고, 또 신학교 동기들 대부분은 졸업 후 신학대학원에 진학하기 위해 열심히 공부하고 있었다.

그러던 어느 날 문득 기도 가운데, '그래, 삶이 더 편해지고 가진 것이 더 많아지기 전에 주님께 헌신하자'라는 마음을 먹게 되었다. 사실 그 당시 교육 전도사의 삶이 편하면 얼마나 편하고 내려놓을 것이 있으면 얼마나 있었겠느냐마는 그래도 나름대로 자리가 잡혀 있었고 또 욕심나는 것들이 있었다. 그때 든 생각이, 지금도 결단하기가 이렇게 힘든데 훗날 결혼하고 아이들이 생기고 그 밖에 가진 것들이 늘어나면 떠나기가 더 어렵겠다는 것이었다. 그래서 이때가 아니면 안 되겠다는 각오로 배에 타겠다는 생각을 구체적인 계획으로 만들어갔다. 말로만이 아니라 실제 삶으로 신앙을 표현하기로 했던 큰 결심의 순간이었다.

내가 선교선 사역에 대해 구체적으로 알아보기 시작한 것은 2008

년부터였다. 먼저 신학대학교 졸업 후에 배를 타고 싶다는 계획을 가족회의에서 밝히고 허락을 받은 후에 인터넷을 통해 선교선을 찾기 시작했다. 그때 검색을 통해 내가 교회 마당의 현수막에서 보았던 그 배가 '오엠'OM이라는 단체의 선교선이라는 것을 알게 되었다. '오엠이 뭐지?' '옴…?' 신비종교 같은 느낌을 주는 이름이 뭔가 석연찮았다. 그래도 배가 있다는데 알아봐야 되지 않겠는가!

그해 여름, 강렬한 태양이 이글거리며 뿜어내는 아지랑이가 마치 맥반석 불가마 찜질방을 개업한 듯 무더운 어느 날이었다. 사람도 나무도 기운을 못 쓰는 폭염 속에서 한참을 헤맨 끝에 나는 부푼 마음을 안고 선교회 사무실 문을 두드렸다. "저, 여기가 오엠 선교회 사무실인가요?"

전화도 하지 않고 무작정 왔던 터라 나를 맞아주신 오엠 본부의 간사님은 누군가 하고 나를 멀뚱히 쳐다보시더니, 이내 이렇게 찾아오는 사람들이 많아 익숙하다는 듯이 나에게 친절히 자리를 권하며 상담을 시작하셨다.

오엠은 '복음의 기동대'라는 뜻을 가진 '오퍼레이션 모빌리제이션'Operation Mobilisation의 약자로, 선교선뿐만 아니라 전 세계 약 110여 개국에서 90여 개의 국적을 가진 6000여 명의 선교사들이 함께 일하는 국제 선교단체이다. 오엠 선교회에서 선교선 사역을 시작한 계기는 인도에 선교 사역을 펼치면서 더 많은 기독교 서적을 공급하기 위해서였다고 한다. 가장 효율적으로 책들을 운반할 수 있는 방법으로 배를 이용했는데, 책을 운반하던 도중에 목적지가 너무 멀어 항로 중간 중간 항구에 정박해서 휴식을 취했다고 한다. 그 항구에서 자연스럽게 만난 현지인들에게 복음을 전한 후에 가지고 있던 책들을 나눠주거나 판매하던 경험을 살려서 선교선 사역을 시작했다는 것이다. 처음 사역을 시작한 선교선이 로고스호였고, 그 뒤를 이어 둘로스호, 로고스2호가 있었다. "그런데 이제 로고스호와 로고스2호는 더 이상 운행을 안 해요"(그리고 지금은 둘로스호도 2009년 12월을 마지막으로 사역을 종료하였다).

"아, 그래요? 그럼 이제 더 이상 로고스호는 없는 건가요?"
"네. 그 대신 몇 년 전에 오엠이 카페리호로 쓰이던 중고 선박을 하나 구입했어요. 그리고 약 5년에 걸쳐 선교사들과 자원봉사자들이 리모델링 공사를 진행했지요. 그리고 이제 그 배가 막 사역을 시작하기 위해 준비 중이지요. 아마 올해 말엔 첫 사역을 개시한다고 들었어요."

나는 호기심 어린 목소리로 물어보았다.

"그럼 그 배 이름은 뭐예요?"
"로고스호프Logos Hope라고 해요."

왠지 모르게 '로고스호프'라는 이름에 끌렸다. 더욱이 이제 막 새로이 사역을 시작했다는 사실이 나를 묘하게 설레게 했다. 그런데 사역이 매력적이기는 했지만 현실적으로 당장은 엄두가 나지 않았다. 나는 비장하게 마음을 먹고 말했다. "참 좋은데, 올해 지원은 어렵고 저는 내년에 지원할게요." "네? 오히려 지금 4학년이시니까 졸업 후에 훈련과 함께 언어 연수 마치시고 내년 여름에 나가시면 좋을 텐데요." "아니요. 아직은 나갈 여건이 안 돼서요…." 당시는 내가 교회에 전도사로 부임한 첫해였고, 가족들과도 좀 더 상의를 해보아야겠다는 생각이 들었다. "제가 내년에 올게요…. 내년에 꼭 지원할게요." "미루시면 다시 오기가 쉽지 않은데… 올해 하시지…."

그렇게 나는 그날 그 간사님에게 아쉬움을 남겨드리고 사무실을 나왔다. 돌아가는 내내 기도가 나왔다. '하나님, 정말 저를 배로 인도하시나요?' 날은 여전히 더워 땀방울이 이내 등을 적셨다. 하지만 그날 내게는 오엠 선교선이라는 새로운 목표가 생겼다. 그리고 나는 이듬해인 2009년에 정말로 오엠 단기 선교사로 지원했다.

 정말 가야 하는 걸까?

선교사로 나간다는 것은 참 어려운 일이다. 불타는 열정을 가지고 주님께 선교사로 헌신하겠다고 서원하는 이들의 숫자에 비해 실제 선교사로 나가는 이들은 매우 적다. 마치 연애하는 것과 결혼생활이 다르듯이 그 부르심을 실행에 옮기는 순간 선교는 철저한 현실이 된다.

2009년 9월, 오엠 선교회에 단기 선교사 신청서를 제출하고 몇 주 후에 허입 통보를 받았다. 그 후 나는 한국 오엠의 훈련 프로그램에 따라 정기적인 모임에 참석하고 합숙 훈련을 받았다. 그런데 내게도 선교사로 헌신하겠다는 비장한 각오를 뒤흔든 사건이 있었다. 부친의 건강이 악화되어 병원에 입원하신 것이다.

아버지가 입원하신 것이 이번이 처음은 아니었다. 선교사로 6여 년, 그리 길지 않은 기간이었지만 참 열정적으로 사역하신 아버지에게 찾아온 병으로 인해 우리 가족 모두는 당시 한 달을 계획하고 아버지의 수술 차 한국에 돌아왔었다. 수술 결과는 좋지 않았다. 만성신부전증의 합병증으로 눈 수술을 하셨는데, 그 이후로 아버지는 차츰 시력을 잃어가셨다. 한 달 후에 선교지로 돌아가려던 계획은 물거품이 되고 말았다.

그 후로 아버지의 건강은 갈수록 악화되어 참 위험한 고비들을 많이 넘기셨다. 그런 와중에도 아버지는 복음을 전하시고 복음으로 사시는 일을 포기하지 않으셨다. 건강이 조금 회복되었을 때는 장애우들을 위한 예배를 시작하셨고, 시각 장애우들을 위한 선교 모임도 만드셨다. 그렇게 어려운 중에도 아버지는 10년이 넘도록 장애우 사역을 인도하고 계셨다.

오엠 훈련을 받던 그해, 우리 가족은 아버지를 간호하며 겨울 내내 병원에서 지냈다. 전에도 입원하신 적이 있었지만, 호전되지 않는 아버지의 건강과 길어져만 가는 간병 기간으로 우리 가족은 지칠 대로 지쳐갔다. 정말이지 그해 겨울은 너무 추웠다.

비록 사방이 막힌 듯했지만 우리는 아버지가 이번에도 꿋꿋이 다시 이겨내실 거라고 생각했다. 그래서 내가 오엠 훈련을 받고 선교사로 파송받을 때쯤엔 아버지의 축복 기도를 받을 수 있을 거라 기대했다. 과거에도 상황은 늘 어려웠지만 아버지는 항상 따라갈 수 없는 열정으로 끝까지 포기하지 않고 어려움을 헤쳐가셨던 분이셨다.

이듬해 1월, 4개월 만에 아버지의 병세가 호전되어 퇴원하셨다. 오엠에서의 훈련도 막바지에 이르렀다.

"아버지, 저 선교 합숙훈련 가요. 이번에는 남해의 거금도라는 섬이래요."
"수고가 많구나. 우리 아들 잘 다녀오거라."
"네, 아버지 다녀올게요. 저 돌아올 때까지 건강하셔야 해요."

한 주밖에 안 되는 합숙 훈련이었지만 퇴원하신 지 얼마 되지 않은 아버지를 두고 가야 하는 게 마음에 걸렸다. 한 번도 가본 적이 없는 미지(?)의 섬에 간다는 염려보다는 아버지가 아프신 것이 내게 더 걱정되는 일이었다. 그렇게 난 무거운 마음으로 집을 떠났다.

전라남도 고흥군 금산면 거금도. 남해의 외딴 섬에서 20여 명의 훈련생들이 낮에는 지역 주민들을 위한 봉사활동과 전도를 했고, 밤에는 기도하고 훈련하며 강의를 들었다. 합숙 삼 일째 되던 날, 내가 속한 팀은 어느 할머니 댁에서 오후 내내 도배를 했다. 저녁식사 후에 잠시 근처 바닷가에서 산책을 하는데 전화벨이 울렸다. 전화기를 통해 들려오는 어머니의 목소가 떨렸다. 아버지가 중환자실에 들어가셨다는 소식이었다.

나는 숨을 깊게 들이마시며 어금니를 꽉 물었다. 이내 눈에 눈물이 그렁그렁했지만 지체할 시간이 없었다. 서울로 올라가는 동안 속은 타들어갔고 입은 바짝 말랐다. 마음으로 아니라고, 아니라고, 괜찮을 거라고, 스스로를 다독이면서 동시에 간절히 기도를 드리지 않을 수 없었다. 그러나 애타고 급한 내 마음과는 달리 서울로 가는 길은 멀기만 했다. 새벽 3시경에야 겨우 서울에 있는 병원에 도착했다. 아버지는 의식이 없으셨다. 그리고 얼마 후에 아버진 그렇게 떠나셨다.

이어서 치러진 장례식. 나는 장례절차 과정 내내 숨이 막히고 진공상태에 있는 듯했다. 그 와중에 현실적인 질문이 내 머리를 스쳤다. '내가 정말 나가야 하는 걸까?'

솔직히 말해 그때까지만 해도 재정적인 후원이 제대로 이루어지지 않았었고 또 나를 위해 기도해주겠다는 사람도 별로 없었다. 하지만 나는 하나님이 하실 거라고 믿었다. 선교사인 부모님을 하나님께서 어떻게 인도하셨고 공급하셨는지 지켜봐 온 나로서는 걱정보다는 오히려 자신감이 있었다. 또 내가 그동안 준비해온 시간들과 과정들이 떠올랐다. 아버지의 뒤를 이어 선교사로 헌신하려고 선교학을 전공했고 배를 타려고 해군에도 지원했다. 해군입대 면접 당시 면접관이 내게

"왜 해군에 지원하려고 하나?"라고 물었을 때, 나는 주저 없이 "앞으로 해양 선교를 하기 위해 지원했습니다!"라고 말했다. 당시 나는 교회에서 전도사로 부서를 맡아 사역을 하고 있었고, 동시에 선교훈련 경비와 후원금을 마련하기 위해 기독 잡지사에서 아르바이트를 하고 있었다. 과정 과정마다 쉽지는 않았지만 하나님이 내게 보여주신 것을 준비한다는 기쁨이 있었다. 그런데 이번엔 달랐다.

나는 정말이지 사랑하는 아버지, 영적 스승인 목사님, 선교의 동기이자 선배 그리고 참 좋은 친구, 이 모두를 한꺼번에 잃어버렸다. 나는 두려웠고 혼란스러웠다. 이 상황에서 이제 집안을 책임져야 할 장남인 내가 선교지로 나간다는 것은 사치였다. 결국 나는 그동안 준비한 모든 과정을 접어야겠다고 결심했다. 모든 것이 끝났다고 생각했다.

장례식을 마치고 돌아 오자 마음과 몸이 만신창이가 되어 기도할 힘도, 울 힘도 없었다. 마음이 아프니까 몸도 아파왔다. 집에 돌아오니 집이 더욱 을씨년스럽게 느껴졌다. 그렇게 나는 힘없이 무력한 날들을 보냈다. 그러던 어느 날 하나님께서는 말씀 한 구절을 주셨다. "나 여호와가 의로 너를 불렀은즉 내가 네 손을 잡아 너를 보호하며 너를 세워 백성의 언약과 이방의 빛이 되게 하리니." 이사야 42:6 말씀이었다.

내겐 이 구절이 타들어갈 듯한 갈증가운데 얻은 물 한 모금 같았다. 그러나 내겐 여전히 풀리지 않는 현실이 있었다. "하나님, 저 못해요. 상황도 어렵고 그럴 힘도 없어요." 나는 솔직한 내 심정을 토로했다. 지금은 가족과 함께하는 것이 나의 당연한 역할이라 생각했다. 그런데도 하나님은 내게 이런 마음을 주셨다. "그래도 가라."

한편으로는 용기가 생겼지만 다른 한편으로는 앞날에 대한 두려움, 가족에 대한 죄책감과 책임감이 나를 짓눌렀다. 그래도 가라니… 나의 믿음은 이미 다 타버린 잿더미 같았다. 나갈 형편도 안 되었거니와 어떻게 가족들에게 나간다고 말할 수 있겠는가. 상식적으로 있을 수 없는 일이었다. 그러던 어느 날 어머니가 이야기를 하자고 부르시더니 대뜸 "사랑아… 선교 나가라"라고 하시는 것이 아닌가.

한동안 침묵이 흘렀다. 나는 말을 잇지 못했다. 그저 어금니를 꽉 물고 물끄러미 어머니를 바라볼 뿐이었다. "네가 나가라…. 아버지가 살아계시면 원하시는 것이 무엇이겠니? 그리고 지금까지 준비했는데 이제 안 나가면 앞으로 뭘 할 거니?"

나는 여전히 말을 잇지 못했고 눈이 시려왔다. "엄마가 기쁨이(남동생)와도 이야기했는데, 형이 안 나가면 누가 가냐고 그러더라. 계속 기도하고 준비해서 나가라. 사랑아."

그날 "내가 정말 가야 합니까?"라고 물었던 내게 하나님은 분명히 대답하셨다. "그래도 나가라." 당시 내가 준비한 경력과 자격들은 별 쓸모가 없었다. 그나마 모아둔 재정은 아버지 병원비로 다 들어갔다. 그러나 그때부터 신기하게도 내가 아니라 하나님이 나의 앞길을 준비하셨다. 구체적으로 기도 동역자들을 만나게 하셨고, 놀랍게 선교

후원 재정을 다 채워주셨다. 그것도 많은 경우 정말 기도를 안 해줄 것 같고 후원도 안 해줄 것만 같은 분들로부터 연락이 왔다. 내가 준비한 모든 것들은 다 죽은 것처럼 보였다. 그런데 하나님께서 그 가운데 생명을 불어넣어 주셨고 살려주셨다. 나는 그때 새삼스럽게 하나님이 일하심을 절실히 느꼈다.

'하나님께서는 자격이 있는 사람들을 부르시는 것이 아니라, 그 뜻대로 먼저 불러주셔서 자격이 부여되는 것이구나.'

그렇게 하나님은 나를 철저하게 현실 속에서 불러주셨다.

우리는 부자다

2010년 8월 23일 오전 11시 비행기. 드디어 출국한다. 이 날을 위해 얼마나 준비하고 기다렸는지 아직도 기억이 생생하다. 한편에서는 뜻 깊은 감회와 감사가, 그리고 다른 한편에서는 넉넉지 않은 재정과 가족을 두고 가는 것에 대한 걱정이, 이렇게 두 가지 상반된 감정이 나를 사로잡았다.

그러나 나는 담담히 출국 길에 올랐다. 이제 출국장으로 들어가라고 하시는 인사부장님 말씀에 아무 생각 없이 발을 내딛으며 어머니에게 잘 다녀오겠다는 인사를 드렸다. 어머니 눈가에 눈물이 고이는 듯했지만 차마 그것을 볼 자신이 없어 이내 고개를 돌리고 문을 지나왔다.

GO 컨퍼런스의 첫째 날인 24일 새벽 6시 25분, 네덜란드 암스테르담 공항에 도착한 우리는 공항 입국심사를 위해 줄을 섰다. 유럽인과 기타 외국인이 따로 줄을 서도록 되어 있었다.

우리 팀은 별다른 계획 없이 각자 알아서 입국 심사대 앞에 듬성듬성 줄을 섰다. 그런데 앞에 선 우리 팀 멤버 중 몇 명이 입국심사관에게 불려가 한쪽 구석 대기실로 가는 것이 아닌가! 그리고 함께 온 18명 중에 나를 포함하여 여덟 명이 연이어 대기실로 불려갔다. 나는 질문에 대답할 기회도 얻지 못한 채 단지 앞에 불려간 사람들과 일행이라는 이유로 불려갔다.

그들은 우리에게 아무런 설명도 해주지 않았고 그저 모든 승객들이 다 나갈 때까지 기다리라고만 했다. 황당한 상황이 아닐 수 없었다. 나는 먼저 불려갔던 동료들에게 물어봤다. "무슨 질문을 받았어? 그리고 뭐라고 대답했어?" "응, 우리에게 돈이 얼마나 있는지 질문했고, 그래서 사실대로 20유로(3만 원) 있다고…." "난 30유로." "난 40유로." 서로 각자 한마디씩 했다. "근데 입국 심사하는데 왜 그런 걸 물어보지?"

나는 나중에서야 사태를 파악했다. 입국 심사관이 보기에 우리는 네덜란드에 2주간 관광 여행을 온 사람들치고는 너무 큰 짐을 가져온 동양인 무리였다. 그리고 수중에 돈이라고는 3만 원, 5만 원 밖에 없다고 하니 수상하게 여길 수밖에. 우리는 여행을 가장한 불법체류자로 의심을 받은 것이다.

얼마 후에야 상황파악을 한 나는, "저기요, 우리 부자예요. 나 현금카드 있어요"라고 하면서 지갑에서 비상시에 사용할 현금카드를 꺼내보였다. "우리 모두 카드를 가지고 있고 돈 많은 부자예요. 우린 절대 여기서 불법으로 체류할 생각 없어요." 이 웃기는 상황에 심사관은 어리둥절해했다.

나는 심사관에게 수련회장의 주소와 전화번호를 보여주며 "우리는 여기서 2주 정도 머물다가 각기 다른 곳으로 여행을 할 거예요." 좀 우스운 광경이긴 했지만 우리를 국제 거지로 보는 상황에서는 "우린 부자다"라고 주장하는 것이 최선의 선택이라고 생각했다.

한참을 실랑이한 끝에 전혀 보내줄 기미를 보이지 않던 심사관은 이윽고 내 설명에 어느 정도 수긍이 되었는지 우리가 내민 현금카드와 주소를 번갈아보더니 결국 우리를 보내주었다.

가슴 철렁했던 순간이 지나고 나서야 우리는 하나님께 감사의 찬양을 드리며 오엠 네덜란드 지부에서 나온 스태프들과 만날 수 있었다. 우리는 준비된 셔틀버스를 타고 수련회가 열리는 델든^{Delden}으로 향했다. 두 시간 남짓 되는 버스 여행길에 우리는 다른 나라에서 온 형제자매들과 금세 친해져 간식을 나눠 먹으며 서로를 소개했다. 습하고 무더운 8월의 한국 날씨와는 달리 네덜란드의 날씨는 시원하고 상쾌했다. 넓게 펼쳐진 들판에서 풀을 뜯는 젖소와 양떼, 그리고 풍차와 근사한 집들…. 유럽에 처음 온 나에게는 모든 것이 마냥 신기하기만 했다.

나중에 알게 된 사실인데, 우리가 그렇게 입국 심사관에게서 풀려난 이후에 파푸아뉴기니에서 로고스호프에 승선하기 위해 찾아온 두 명의 선교사가 심사관에게 면접을 봤다고 한다. 아니나 다를까 심사관은 진한 구릿빛 피부에 거친 털로 뒤덮인 이 두 사람도 불법체류자로 의심했다고 한다. 무슨 말을 해도 안 통해서 두 사람은 온종일 입국 심사소에서 대기하고 있다가, 오엠 네덜란드 지부 스태프의 설명으로 겨우 입국할 수 있었다는 눈물겨운 이야기를 들었다.

배에 승선한 선교사들을 만나보면 정말 다양한 문화와 배경을 가진 사람들임을 발견하게 된다. 그러나 우리의 상황과 배경이 어떠하든 우리는 주님의 부요함을 전하는 사람들이다. 우리가 순종하고 길을 떠날 때, 비록 세상에서는 경제적으로 아쉽고 또 사람들에게 천대받을 수 있지만, 그럼에도 하나님께서 알아주시는 이 일 가운데 우리는 당당히 세상을 향해 이렇게 외칠 수 있다.

"주 안에서 우리는 부자다!"

2장
희망에 오르다

 승선

2010년 9월 14일. 십여 일 전에 한국을 떠난 우리 일행은 네덜란드에서 오엠 수련회 GO Conference에 참석한 후에 로고스호프에 승선하기 위해 배가 정박해 있는 서아프리카 앞바다 카나리 제도의 라스팔마스 Las Palmas까지 날아갔다. 우리는 25여 개국에서 온 60여 명의 선교사들과 열흘 동안 선교선 사역 훈련을 받고 드디어 배로 향했다. 거듭되는 훈련을 받고 드디어 로고스호프에 승선한다고 생각하니 다들 들떠있었다.

우리를 실은 버스가 항구에 들어서자 저 멀리 하얀 선박의 연통이 보였다. 커다란 연통의 측면엔 로고스호프의 로고가 새겨져 있었다. 거리가 점점 가까워지자 어렴풋이 사람들의 환호 소리가 들려오기 시작했다. 이 순간을 얼마나 기다렸던가! 우리는 버스의 창문 너머로

목을 길게 빼고 점점 커져만 가는 배를 바라보았다. 우리의 기대와 흥분은 가파르게 상승했으며 그럴수록 심장박동은 더 거칠어졌다.

버스가 속도를 줄이기 시작했다. 배와 가까워질수록 버스 안에 있는 사람들과 또 배에서 환영하는 사람들의 환호 소리가 고조되었다.

"뿌―우, 뿌―우."

남아공 월드컵(2010년) 때 응원 도구로 쓰였던 '부부젤라' 나팔 소리가 쉴 새 없이 들렸다. 건물 하나를 지나치자 드디어 탁 트인 부둣가 정중앙에 정박해 있는 하얀 배가 모습을 드러냈다. 버스 안팎에서 사람들은 흥분하여 서로 탄성을 지르며 열광했다. 마치 영화의 한 장면처럼 우리는 저마다 감탄사를 연발하며 배가 보이는 쪽으로 몰려가 창밖을 내다보았다. 배 층층마다 사람들이 만국기를 휘날리며 환호하는 모습에 심장이 더욱 빠르게 뛰기 시작했다.

훈련부 선교사 일행의 안내에 따라 우리는 긴장과 흥분 가운데 버스에서 내렸다. 두 대의 버스에서 내린 우리는 지시에 따라 안내를 기다렸다. 우리가 내렸던 위치에서는 배가 버스에 가려 보이지 않았고, 배 위에 있던 선교사들도 우리를 볼 수 없었다. 그때 반대편에서 환호소리가 잠잠해지는가 싶더니 이윽고 크고 작은 목소리들이 일제히 구호를 외치기 시작했다.

로고스호프 이야기

"무브 더 버스!" Move the Bus. "무브 더 버스! 무브 더 버스!"

버스를 옮기라는 소리는 점점 커져갔다. 우리를 가로막고 있던 두 대의 버스가 부르릉 시동을 걸자 우리는 뭔지 모를 기대감으로 가득 찼다. 그리고 마침내 '열려라 참깨' 신호를 받은 두 버스의 기사님들은 동시에 버스를 앞뒤로 옮겼는데 마치 자동문이 좌우로 열리는 듯했다. 문이 열리자 다시 한 번 환호와 함성들이 터져 나왔고 동시에 "퐈아아앙, 퐈아아앙, 퐈아아아앙," 로고스호프의 뱃고동 소리가 항구 전체를 가득 메웠다.

로고스호프가 드디어 우리 바로 앞에 모습을 드러냈다. 멋지고 웅장한 흰색 배가 거대한 위용을 자랑하며 바다 위에 떠 있었다. 고개를 들어보니 배 옥상에서부터 층층이 난간과 갑판에 나와 있는 사람들이 환영을 하며 만국기를 신나게 흔들었다. 이 축제 한가운데 들어온 우리는 이에 질세라 서로가 눈빛을 교환하며 화답으로 우리의 구호를 외쳤다.

"피. 에스. 티. 라스팔마스!"
"비~바! 라스팔마스! 올레! Viva! Las Palmas! Oleh! 비~바! 라스팔마스! 올레! 아와와와와!"

이 구호의 키포인트는 구호를 외치는 동시에 오른쪽으로 돌며 하늘을 향해 주먹을 날리면서 "올레"라고 외치고, 반대로 왼쪽으로 돌며 같은 방법으로 "올레"를 외치는 것이다. 그리고 인디언들이 소리를 내듯 입에 손을 대고 "와–와–와–와" 하며 마무리하면 된다.

우리가 외친 이 구호를 "PST 챈트"라 한다. 일종의 그룹 응원가이다. PST는 Pre-Ship Training의 약자로 승선하기 전 로고스호프 사역에 대해 이해하고 훈련하는 과정이다. 여기에 훈련을 받은 장소의 지명을 붙여 그룹의 이름을 만든다. 그래서 나는 2010년에 승선한 'PST 라스팔마스 그룹'이다.

우리가 하는 율동과 구호가 신기하고 유쾌했는지 여기저기서 박수갈채와 환호가 터져 나왔다. 배 앞으로 걸음을 내디딘 우리는 만국기 터널로 인도되었다. 이것은 저마다 자기 나라의 국기를 가지고 나온 선교사들이 만든 즉석 터널이었는데, 양쪽으로 늘어선 선교사들이 국기를 가운데로 모아들고 있으면 우리는 그 아래로 허리를 숙여 지나갔다. 중국, 나미비아, 미국, 독일, 남아공, 한국 등등 여러 나라의 국기들 아래로 통과했는데, 그 터널은 배 입구까지 연결되어 있었다. 나중에 안 사실이지만 그 터널은 오엠 선교선 사역자들만의 고유한 환영식이었다.

배 안으로 들어서자 모든 것 하나하나가 다 신기했고, 배의 구조는 어리둥절할 만큼 복잡했다. 그리고 가는 곳마다 밝게 맞이해주는 선교사님들과 인사하며 악수를 나누느라 정신이 없었다. 이제 함께 살며 사역을 같이 할 사람들과의 만남이 가져다주는 흥분과 반가움

로고스호프 이야기

때문인지 어느덧 배 안에는 이야기꽃이 만발했다.

방 배정

화려했던 승선식과 간단한 오리엔테이션이 끝났다. 이어서 방 배치를 받았다. 'Sarang Shin 541'

어깨에는 배낭을, 양손에는 가방을 들고 541호 선실을 찾아 나섰다. 쿵쿵거리며 철제 계단들을 올라가 두리번거리다가 통로를 발견하였고, 생각보다 쉽게 방을 찾을 수 있었다. 선실 문에는 여기저기 종이들이 붙어 있었는데, 그중 한 종이에 내 이름이 큼지막하게 한글로 적혀 있었고 색연필로 예쁘게 채색되어 있었다. 그리고 조금은 이상하고 삐뚤빼뚤한 글자로 "사랑이 형, 환영해요"라고 쓰여 있었다. 아마도 나의 빅브라더인 외국인이 한글을 배워서 이렇게 쓴 것이리라.

방문을 열고 들어갔다. 공간은 생각보다 깔끔했다. 이층 침대 두 개, 옷장 네 개, 책상 하나, 4단 서랍장 하나, 그리고 화장실. 그런데 이 모든 것이 약 두 평 반 정도 되는 공간에 다 있다는 것, 그리고 나 말고도 다른 세 명이 함께 살아야 한다는 생각이 뇌리를 스치자 나는 눈을 게슴츠레 뜨고 나지막하게 한마디 했다.

"좁구나."

드디어 나와 로고스호프 생활을 함께 할 방짝들이 하나하나 들어 왔다. 일반적으로는 한 방에 2년간의 사역을 마치고 돌아가는 사람이 생기면 그 자리에 한 사람이 새로 들어가는데, 내가 배정받은 방은 네 사람 모두 사역 기간을 마치고 돌아가는 바람에 세 명의 룸메이트 모두 나와 같이 승선한 PST 동기 선교사들이었다.

이들은 내가 로고스호프 생활을 하는 데 있어 아주 특별한 사람들이 되었다. 우리는 서로의 기쁨과 어려움, 그리고 간증들을 나누며 참 즐겁게 생활했다. 먼저 테수지 카와카미가 있었다. 이후 우리는 테수지라는 발음이 어려워서 그냥 테찌라고 줄여서 불렀다. 나보다 아홉 살이 많은 테찌 형은 이름에서 알 수 있는 것처럼 일본 사람이다. 약 9년 동안 래커 차를 몰았고 요리사로도 일을 했다. 영어를 잘하지는 못했지만 특유의 친화력과 재치로 사람들과 금방 친해지곤 했는데, 배를 타기 전에 미얀마에서 약 1년간 선교사로 사역을 하고 왔다. 다니엘 림은 싱가포르에서 왔다. 나보다는 일곱 살 어린 친구였고 싱가포르에서 군 복무를 대신하여 소방대원으로 2년간 의무봉사를 했다고 한다. 그런데 정말 이 친구가 소방대원이었을까 하는 의심이 생길 정도로 다니엘은 왜소했다. 그리고 이 친구는 어딜 가든 본인이 가져온 소형 기타를 지니고 다녔는데, 노래와 기타 연주를 아주 느낌 있게 했다. 마지막으로 우리 방 유일한 서양인 친구, 그의 이름은 알렉스 트랍이다. 독일에서 고등학교를 막 졸업하고 로고스호프에 관한 이야기를 듣고서 승선한 친구였는데, 근육질에 덩치도 크고 아주 유쾌한 친구

로고스호프 이야기

였다. 거기에 한국에서 온 나는 교회에서 초등학교 저학년 아이들을 맡아 사역하던 전도사였다. 우리는 지난 몇 주간 함께 훈련받으며 생활했기 때문에 아주 친근한 마음으로 자기 소개를 하고 침대 자리를 정한 후에 잡담을 하고 있었다.

그 때 누가 방문을 두드렸다. 문이 조금 열리더니 그 틈으로 "여~어, 싸랑이 혀엉"하며 한 친구가 들어왔다. 더벅머리에 늘어난 티셔츠, 그러나 아주 잘 생긴 동양 남자다. 근데 발음은 뭔가 기름졌다. 내 빅브라더 Joe Lee(이인호)였다. 인호는 미국 교포 2세로 미국에 있을 때는 한국말을 잘 못했다고 하는데, 내가 만났을 때는 한국말을 곧잘 했다.

우리는 인사를 했다. "내가 형 빅브라더예요." 배에는 빅브라더, 빅시스터라는 제도가 있는데, 그것은 새로 승선하는 선교사가 배에 적응하도록 마니또처럼 챙겨주는 동성의 선배 선교사를 의미했다. 한국말로 쉽게 하면 형 또는 언니가 되는 것이다.

책임감이 아주 강했던 인호는 내게 배의 구조를 알려주겠다며 나갈 채비를 하게 했고 우리는 곧바로 선교선 투어에 나섰다. 먼저 로비를 지나 식당에 들려서 기본적인 배식 시간을 알려주고, 이어서 매일 아침 일과 전에 예배를 드리는 공간인 로고스라운지Logos Lounge, 그리고 대형 공연 및 모임 공간으로 쓰이는 호프시어터Hope Theater, 또 배에 상주하는 선교사들만의 휴식 공간인 스태프라운지Staff Lounge를 둘러보았다.

나뿐만 아니라 동기 PST 선교사들이 각자의 빅브라더와 빅시스터에게 이끌리어 투어를 하는 모습을 마주할 때마다 우리는 서로 웃으며 손을 흔들었다. 그리고 계속되는 설명 중에 함께 승선한 한국 선교사들 그리고 그들의 빅브라더들이 합세해 작은 투어 그룹이 형성되었다. 우리는 계속해서 스태프 도서관, 학교, 옥상, 함교, 엔진실, 목공소, 전기공실, 책 창고, 미용실, 빨래방 등 여러 구역을 돌아다녔다.

지금은 이 모든 것이 어디에 있고 어떤 기능을 하는 공간들이라는 것을 알지만 당시에는 끊임없이 어디론가 데리고 다니는 통에 나는 정말 정신이 없었다. 그도 그럴 것이 길이 125미터에 폭 25미터, 옥상까지 포함해서 13층 높이의 큰 건물을 돌아다닌다고 생각해보라. 웬만한 백화점 크기에 복잡한 구조를 가지고 있는 큰 배이며, 60여 개 국에서 온 400명 정도의 선교사들이 함께 생활하는 장소인 동시에 5000여 종류의 책 50만 권 가량을 적재할 수 있는 서점 시설을 가지고 있는 큰 배였다. 그런데 이것이 또 실제로 바다를 건너 다른 나라로 항해할 수 있는 배다. 그렇기 때문에 이곳에는 기술이 집약되어있고 많은 사람들의 노력과 헌신 그리고 지혜가 배어 있다.

그런데 이 모든 것이 오직 한 가지 동기로 이루어졌다. 우리가 만난 하나님을 전하는 것, 다시 말해 복음이 그 동기였다. 나는 이런 발상을 했다는 것과 또 그것을 현실화 했다는 사실이 정말 대단하다고 생각했다. 신앙을 구체적으로 구현했다는 점에 도전을 받았다.

계속되는 훈련

승선을 했다고 해서 훈련이 끝난 것은 아니었다. 해상 안전 훈련인 BST^{Basic Safety Training}가 우리를 기다리고 있었다. BST란 선상에서 일어날 수 있는 많은 재해와 사고들을 미연에 방지하고 대처하기 위한 훈련이다.

3일 동안 계속되는 이 훈련은 매우 중요한데, 선상 개인 안전을 위해서도 중요하지만 새로 탑승한 선교사를 어느 부서로 배치할지를 결정하는 최종 과정이기 때문에 특히 중요하다. 이 과정을 통해 언어적으로나 기술적으로, 그리고 신체적으로 능력을 갖춘 사람을 갑판 선원과 엔진실 요원으로 선발하는 일이 배의 안전에 직결되기 때문에, 이 훈련의 교관들은 주로 역대 오엠 선교회 선교선의 선장님들로 구성되어 있다. 그래서 훈련 기간이 되면 각처에서 선장님들이 이 훈련을 위해 로고스호프를 방문하신다.

승선 전 우리 선교사들은 인사과장 선교사님과 인터뷰를 하면서 로고스호프의 5대 부서(갑판, 엔진, 식당, 청소, 서점) 중 자신이 원하는 부서를 세 개까지 지원할 수 있다.

군 생활을 해군 갑판병으로 지냈던 터라 사실 나는 다른 사람들에 비해 배에 대한 낭만이 별로 없었다. 짧은 기간 여행을 위해 타는 것이 아니라면 배라는 곳이 얼마나 피곤한 장소가 될 수 있는지 익히 알고 있었기 때문이다. 그런데 생각해보니 내가 어차피 이곳에서 사역을 할 것이라면 그나마 경력자(?)로서 도움이 되는 것이 좋지 않을까 싶었다. 그래서 나는 1지망에 갑판이라고 썼다. 2지망은 엔진실, 3지망은 서점이었다. 엔진실이 얼마나 덥고 힘든 곳인지 조금은 알고 있다. 그래도 내가 이곳에 어떤 각오로 왔는지를 떠올리며 비장하게 엔진실을 2지망으로 기록했다. 그리고 3지망인 서점은 별 생각 없이 기록한 것이다.

로고스호프에서 BST 훈련을 받은 사람들에게 무엇이 가장 기억에 남느냐고 묻는다면 대부분이 해상 실습이라고 대답할 것이다. 이날은 모든 이론 과정과 최종 필기시험을 마친 훈련생들이 실제로 바다에서 실습 훈련을 한다. 승선하는 시기에 따라 여건상 바다에서 하지 못하고 수영장에서 하는 경우도 있지만, 당시 배가 정박해 있던 카나리 제도의 테네리프^{Teneriffe} 섬 항구는 훈련하기에 안성맞춤인 장소였다.

"다들 바다에 들어갈 준비를 하고 4층 좌현 인터내셔널 카페로 모이세요."

해상 실습인데 왜 4층에서 모이는지 의아해하면서, 모두 흥분과 떨리는 마음으로 웅성거리며 모여들기 시작했다. 그곳에 도착했을 때는 벽 쪽으로 난 문이 열려 있었고, 밖으로 향하는 큰 공간이 만들어져 있었다. 문 밖으로는 내리쬐는 태양 아래 열대의 바람이 뜨겁게 불고 푸른 바다가 출렁였다.

로고스호프 이야기

해상 실습 교관은 우리에게 구명조끼를 받고 한 줄로 서서 뛰어내릴 준비를 하라고 지시했다. 사람들은 다양한 반응을 보였다. 재미있겠다는 사람도 있고, 높이가 6미터나 되는데 어떻게 뛰어내리냐며 걱정하는 사람도 있었다.

우리 그룹의 담당 교관이었던 백발의 조지 부스 선교사님이 먼저 시범을 보이겠다며 자세를 잡고 '첨벙' 뛰어내리셨다. 그리고 한 사람 한 사람 그 뒤를 따라 뛰어내리기 시작했다. 내 앞에는 에스텔이라는 고등학교를 갓 졸업하고 온 가냘프게 생긴 백인 소녀가 서 있었다. 나는 이 친구가 잘 뛰어내릴 수 있을까, 겁나지 않을까 하는 걱정이 되었다. 사실 군대까지 다녀온 나도 뛰어내린다는 것이 긴장되었다. 그런데 웬걸, "고!"^{Go!}라는 지시가 떨어지자마자 에스텔은 한치의 망설임도 없이 '풍덩' 하고 뛰어내리는 것이 아닌가! 나는 그 소녀가 그렇게 멋있어 보일 수가 없었다.

나는 속으로 '우와' 하고 감탄하면서, 저런 소녀도 했는데 나는 더 잘 뛰어내려야겠다는 각오를 다졌다. 이윽고 내 차례가 되었다. 나는 이함 자세를 하고 긴장하며 지시를 기다렸다. 잠시 후 나에게도 "고!"라는 지시가 떨어졌다. 그 순간 별생각이 다 들었다. '선교하러 와서 이게 뭐하는 짓인가' 하는 생각에 머릿속이 복잡했다. 그러나 이내 마음을 다잡고 뛰어내렸다. '풍덩.' 역시 안경을 벗고 뛰어내리니까 눈에 뵈는 게 없어서 도움이 되었다.

하지만 훈련은 바닷속에 뛰어든 것으로 끝나지 않았다. 아니, 진짜 실습은 그때부터였다. 그때부터 교관 선교사님은 바다에서 오랫동안 떠 있는 방법, 긴 소매와 긴 바지로 임시 튜브 만드는 방법, 단체로 물에 떠서 생존하는 방법, 각종 구명장비를 착용한 채 수영하는 방법 등을 가르쳐주셨다. 그리고 마지막으로 구명정이 나타났다.

조난 시 25명이 탈 수 있는 대형 구명정을 운용하는 방법을 배우는데, 이 훈련의 대미는 뒤집어진 구명정을 2인 1조가 되어 원상 복귀시키는 것이다. 나는 에빌린이라는 파라과이 출신의 자매와 한 조가 되었는데, 이 친구 역시 고등학교 졸업 후 바로 승선한 친구였다. 뒤집어진 구명정을 다시 뒤엎기 위해서는 우선 구명정 아래편 양끝에 달려 있는 줄을 찾아야 한다. 그리고 뒤집어진 구명정 위에 올라가 줄을 잡고 두 사람이 무게중심을 이용하여 앞뒤로 흔들어 다시 뒤집어야 한다. 여기서 중요한 것은 두 사람의 호흡이다. 그런데 처음부터 구명정에 바로 다가갈 수는 없었다. 현실감을 더하기 위해서였는지 몰라도, 훈련 조교를 맡은 갑판부 선원들은 모터가 달린 작은 보트를 타고 있었는데, 이들은 구명정을 뒤집기 전에 훈련받는 선교사들을 멀리 데려가 구명정까지 수영해서 가게 했다.

에빌린과 나는 이 실습의 마지막 조였는데, 이전 조보다 훨씬 더 먼 바다로 나가는 것이 아닌가! '아니, 왜 이러지?' 저기 로고스호프가 점점 멀어져 가고 있었다. 보트는 멈춰 섰고 우리를 남겨놓은 채 떠났다. 구명정까지의 거리가 대략 300에서 400미터는 되어 보였다. 에빌린은 벌써 열심히 팔을 저어 수영해 가고 있었다.

"사랑, 빨리 가자."

"어?! … 어, 알았어."

나도 막 뒤따라 수영을 하기 시작했다. 나는 오른팔, 왼팔을 마구 휘둘러가며 앞으로 나갔다. "헉, 헉, 헉." 얼마나 수영했을까, 가도 가도 이상하게 거리는 좁혀지는 것 같지 않았다. 팔다리에 힘이 다 빠지는 듯했다.

수영을 하면서 물도 몇 번 먹었다. '아, 왜 이렇게 먼 거야.' 나는 구명정에 도착하기도 전에 지쳐 있었다. "사랑, 힘내자, 힘내." 나보다 조금 앞선 에빌린이 나를 보며 다독인다. "응. 그래, 가고 있어."

나는 '오늘은 소녀들에게 도전받는 날이네'라는 생각을 하면서 가까스로 헤엄을 쳐서 겨우 구명정을 붙잡았다. 우리는 숨을 고르고 구명정에 올랐다. 그러고선 둘이 줄을 잡고 무게중심을 뒤로 한 채 구명정을 끌어당겼다. 그러자 바로 구명정이 기울어졌고 옆으로 높이 솟았다. 우리는 줄에 매달린 채 뒤집어지는 바닥면과 함께 바다에 다시 풍덩 하고 빠졌다. 구명정이 바로 뒤집어졌다. "성공했어!" "잘했어!" 나는 에빌린과 손뼉을 마주치며 좋아했다. 시작할 때는 저걸 어떻게 할까 했는데, 막상 하고 나니 성취감이 있었다.

"자, 모두 수고했어요. 이제 훈련을 마치고 다시 들어가겠습니다." 훈련종료를 알리는 조지 선교사님의 알림으로 모든 훈련이 끝났다. 물속에 하루 종일 있어서 그런지 몸이 피곤했다. 저녁식사 후 각자 일하게 될 부서를 발표한다는 방송이 나왔다. '어디에서 일하게 될까?' 우리는 모두 그날 실습을 통한 경험담들을 나누며 모임 장소에 모였다. 그동안 수고하신 안전 훈련 교관 선교사님들이 앞에 계셨다. 우리는 박수로 그분들을 맞이하였다. 그중 한 분이 입을 열었다.

"여러분 훈련받느라 수고했어요. 모두 열심히 해줘서 감사합니다. 자, 그럼 이제 부서 발표를 할 거예요. 기대되시죠? 여기 여러분의 이름이 적힌 봉투가 있고, 그 안에는 각자가 일하게 될 부서가 기록되어 있어요. 제가 이제 한 사람 한 사람 호명할 테니 앞으로 나와 받아가세요."

이름을 부르면 선교사들이 나가서 봉투를 받은 후에 개봉을 했는데, 나에게 할당된 부서는 선상 서점이었다. 그렇게 로고스호프 서점에서의 부서 생활이 시작되었다.

서점에 관심이 없는 것은 아니었지만 내가 그곳에서 일하게 되리라고는 생각지도 못했다. 그날 저녁은 그냥 얼떨떨하기만 했다. 승선한 지 1년이 지나 정기 인사상담 때 알게 된 사실인데, 나를 면접하신 인사과장 선교사님이 당시 나를 서점에 추천하셨다고 한다. 나는 그 이야기를 듣고 인사과장 알렉스 파이 선교사님께 그때 그렇게 해주셔서 고맙다는 인사를 드렸다. "내가 그럼 제대로 정해준 거네요." 알렉스가 웃으며 말했다.

로고스호프 이야기

"네, 맞아요. 로고스호프 서점은 정말 최고의 부서예요."

 함께 기도하는 식구 : 한국 선교사들

분주히 돌아가는 로고스호프에서는 한국 오엠에서 파송한 11명의 선교사들이 일하고 있었다. 종민, 재환, 안나, 미령, 진희, 혜미, 은정 누나, 혜진, 승목, 정모 형, 현경 누나.

미국 오엠에서 파송받은 한국인 선교사도 있었다. 은석(알렉스), 인호(조), 유선(안드레아). 거기에다 나와 함께 승선한 구빈, 정민, 경진 누나, 루디아, 지영 누나, 이렇게 6명. 여기에 더해서 비록 국적은 달랐지만 한국말을 정말 유창하게 잘하는 중국에서 온 미향, 일본인 카나코, 그리고 몽골에서 온 바토야도 있었다.

외국인인 미향이와 카나코, 그리고 바토야가 한국말을 너무 잘하는 것을 보니 무척 놀라웠다. 심지어 한국 예능 프로그램을 함께 보면서 한국말로 떠들고 웃는 것이 신기해서 쳐다보곤 했다.

승선한 첫 주 금요일 저녁에 선배 한인 선교사들이 환영 파티를 준비했다. 선내 극장 뒤쪽의 공간을 예약하고 거기에 나름대로 근사하게 환영 데코와 테이블 세팅을 하고 우리를 맞아주었다. 정말이지 지금 생각해보면 어떻게 그런 재료들을 다 구했는지, 신기할 따름이다. 종민이와 정모 형 두 사람은 늦게까지 야외에서 고기를 굽느라고 레크리에이션에도 참석하지 못했는데, 식사가 시작될 때 두 형제가 가져온 것은 바로 '삼겹살'이었다.

고기를 구울 곳이 없어서(공공 식사 외에는 주방시설을 이용할 수 없다) 대형 토스터를 이용했다며, 맛이 어떨지 모르겠다고 했다. 그러나 나는 그 향긋한 냄새와 모양을 보자마자 반쯤 넋이 나가고 말았다. 여기에 추가로 귀한 쌀밥과 김치, 그리고 된장찌개로 환상의 조합을 이룬 테이블을 대하고서, 은혜 받았다는 표현을 이럴 때 사용하는 것이 적절한지는 모르겠지만, 아무튼 한국을 떠난 지 약 한 달 만에 보는 한국 음식에 감격을 하지 않을 수 없었다.

이날 먹은 한국 음식들은 라스팔마스 한인교회에서 후원해주신 것이었는데 이는 선상 생활을 하면서 쉽게 맛볼 수 없는 귀한 경험이었다. 당시 로고스호프에는 스위스 출신의 주방장 선교사님이 계셨는데, 그분은 항상 요리사로서 최선을 다해 요리를 하셨다. 다양한 국적의 사람들이 모인 만큼 가끔은 나름대로 동양 음식들을 만들어 식사에 내놓으셨는데, 동양 선교사들은 그것을 여전히 서양 음식이라고 생각했고 반대로 서양 선교사들은 그것을 동양 음식으로 간주했다. 이렇게 가끔 로고스호프 식사에는 국적 불문의 식단이 올라오기도 하지만 그래도 서양식 요리가 주를 이룬다. 이런 환경 가운데 식당에서 한국 선교사들이 한곳에 모여 식사를 하고 있다면 거기엔 분명히 한국 음식이 있다. 적은 양이지만 고국에서 보내온 온 김, 고추장, 통조림, 라면 등을 나눠먹는 정이 끈끈하다.

배에서 한국 선교사들이 함께 잘 나누는 것이 또 하나있는데, 바로 기도다. 내가 승선하기 훨씬 이전부터 우리 한국인 선교사들은 매주 금요일 저녁에 모여 기도 모임을 했다. 맡은 직책과 업무 때문에 참석할 수 없는 이들을 제외하고는 대부분 함께 모여서 한국어로 찬양하고 말씀과 간증을 나눈 후 뜨겁게 한국식으로 통성 기도를 했다. 기도의 내용은 주로 한 주 동안 각자에게 일어난 일들과 사역에 관한 것이다. 부서에서 일을 하다가 다른 선교사와 얼굴을 붉힌 일, 과중한 업무로 인한 피로감, 며칠 전 만난 그 현지인이 주님을 영접해서 좋은 교회로 인도되길 바라는 기도, 한국에 있는 가족들에 대한 걱정, 다음 항구에서 하나님께서 하실 일에 대한 기대 등을 나누고 함께 기도했다. 때로는 작은 방을 빌리거나 식당 한 구석에서 기도 모임을 가졌고, 때로는 갑판에서 달빛을 받으며 찬양과 기도를 드리기도 했다.

이런 모습을 본 외국 선교사들은 배에서 공식 예배를 드릴 때도 간간이 "우리 한국 스타일로 기도합시다"라며 함께 통성 기도를 드리기도 하였다. 배 안에서 외국인 선교사들과도 정말 친하게 지냈지만, 생각해보면 함께 기도하던 한국 선교사들이야말로 당시 내 진정한 가족이었다.

 떠다니는 세계교회

배에서 맞이하는 첫 주일이다. 승선한 지 며칠이 지났건만 아직도 배의 구조는 파악이 안 된다. 배에서는 과연 어떻게 예배를 드릴까? 주일 아침이 되면 기름때 묻은 작업복을 주로 입는 엔진실 형제 선교사들도, 화장실을 청소하던 자매 선교사들도 저마다 제일 깔끔한 옷을 차려입고 예배실로 모인다. 로고스호프에는 여러 찬양 밴드가 있는데 공식 예배가 있을 때마다 순서를 정하여 돌아가면서 찬양을 인도한다.

이날은 특별히 스페인령 카나리 제도에 입항한 기념으로 남미와 멕시코, 스페인 사람들로 구성된 밴드가 찬양을 인도하는 날이었다. 평소에는 주로 영어로 된 찬양을 했지만 이날엔 간간이 스페인어 찬양도 했다. 비록 스페인어를 잘 알아듣지는 못했지만 이들이 온 마음을 다해 열정적으로 찬양하는 모습이 은혜로웠다.

그러던 중 찬양 인도자가 모두 함께 기도를 하자고 했다. "우리 각자의 언어로 우리 주님께 기도합시다." 그러자 모두가 각자의 모국어로 하나님께 기도하기 시작했다. 장신의 금발 형제가 네덜란드어로 진지하게 기도하고 있는가 하면, 그 옆에서는 페루 자매가 미소 지으며 조용히 스페인어로 기도를 했다. 그 뒤엔 건장한 흑인 청년이 양팔을 하늘 높이 들고 몸을 좌우로 흔들며 알아들을 수 없는 아프리카어로 힘을 다해 찬양을 했다. 그리고 계속해서 독일어, 영어, 아랍어, 불어, 중국어 등등의 언어가 여기저기서 들렸다.

나는 한국어로 나지막하게 "하나님 감사해요. 부족한 저를 이렇게 로고스호프로 인도해주셔서 감사해요. 제가 여기서 주님의 마음을 더욱 닮아 섬길 수 있도록 함께 해주세요"라고 기도했다.

모두 각자 다른 삶과 언어를 가지고 있지만 이 다양함 가운데 한 분이신 우리의 아바 아버지 하나님만을 예배하고 높일 수 있다는 것이 참 감격스러웠다. 이런 멋진 광경을 보며 종말에 모든 민족과 방언과 나라와 족속이 다 함께 모여 하나님을 찬양하는 모습이 이런 것이 아닐까 하는 생각을 해보았다.

"주의 도를 땅 위에, 주의 구원을 모든 나라에게 알리소서 하나님이여 민족들이 주를 찬송하게 하시며 모든 민족들이 주를 찬송하게 하소서 온 백성은 기쁘고 즐겁게 노래할지니 주는 민족들을 공평히 심판하시며 땅 위의 나라들을 다스리실 것임이니이다 (셀라) 하나님이여 민족들이 주를 찬송하게 하시며 모든 민족으로 주를 찬송하게 하소서"(시 67:2-5).

3장
희망의 훈련

로고스호프는 떠다니는 배인 동시에 서점이고, 우리가 사는 집인 동시에 교회다. 400여 명이 함께 생활하는 마을이자 사역의 터전이기도 하다. 방에서 일터까지 출근하는 시간은 길어야 2분이고 교회까지의 시간도 마찬가지다.

로고스호프 서점

서점 업무는 생각보다 다양했다. 카나리 제도를 떠나 지중해로 들어서서 다음 행선지인 몰타 섬으로 향하는 7일 동안 나는 서점Bookfair 업무 전반에 대한 기본 교육을 받았다. 교육 내용은 책을 진열하는 방법, 서점 구조와 주제별 위치, 계산대, 고객을 응대하는 법, 비상시 고객 대피 안내 및 안전 교육, 재고를 올리는 방법, 책 창고Bookhold 운영과 관리 등이었다.

"자, 이제 계산대 실습을 하겠어요."

검은색 피부에 약간 큰 풍채, 안경을 쓰고 조금은 사감 선생님 분위기를 풍기는 자매가 간단한 인사 후에 우리에게 건넨 말이었다. 해마 수딘이라는 이 자매는 카리브 해의 트리니다드토바고에서 왔다고 했다. 나는 한편으로 트리니다드토바고가 어딜까 하는 생각을 하면서, 다른 한편으로 쉴 새 없이 몰아치는 설명에 집중하며 계산대에 있는 많은 버튼들을 두리번거리며 보고 있었다.

"그럼 이제 두 조로 나누어서 한 팀은 쇼핑을 하고 다른 한 팀은 계산하는 실습을 해볼게요. 바구니를 가지고 가서 책을 골라오세요."
"오케이!"

나는 다른 몇 사람과 바구니를 들고 서점을 돌기 시작했다. '어떤 책을 가져갈까?' 나는 구석구석을 돌며 진열된 책들을 구경했다. 책 종류가 정말 다양했는데, 그 가운데는 성경책들도 많았다. 한쪽에는 소설과 건강서적도 있었다. 태국에서 온 지미는 CD 음반들을 뒤지며 신이 났다. 남아공에서 온 데스리 아주머니는 요리책을 보고서 눈빛이 반짝인다. 나는 여행 코너에서 화려한 색상의 지도책 색인을 두 손으로 잡고 지리 탐구에 빠졌다.

이 광경을 지켜보던 해마는 상기된 목소리로, "내가 계산할 책을 골라오라고 했지, 읽고 있으라고 했어요?"라며 불호령을 내렸다. "네 알겠어요." 우리는 혼이 난 아이들처럼 후다닥 책들을 덮고 계산할 책을 고르기 시작했다.

바구니에 여러 책을 담아서 손님 행세를 하며 계산대로 갔다. "삡… 삡… 삡." 계산하는 것은 생각보다 어렵지 않았다. 책 뒷면에 바코드가 있는데, 레이저가 나오는 계산대에 올려놓으면 저절로 인식을 했다.

> "손님, 25유로입니다."
>
> "어? 이거 왜 이래요? 가격이 틀리잖아요!"

손님으로 분한 동료 선교사는 가격표대로 계산이 안 됐다며 장난스럽게 따졌다. 그러자 계산을 하던 자매 선교사가 해마에게 교육받은 대로 설명하기 시작한다.

> "손님, 혼동되셨다면 죄송해요. 저희 배는 여러 나라의 많은 항구들을 돌아다니고 있어요. 그런데 그때마다 저희 서적들에 그 나라의 화폐 단위에 맞게 가격표를 매길 수 없어서 저희 로고스호프만의 화폐 단위인 유닛Unit을 사용하고 있어요. 이 표를 보시고 비교해보세요."

로고스호프 서점에 처음 온 사람에게 가장 혼동되는 부분이 이것이다. 여러 나라를 돌아다니는 선상 서점이다 보니 책의 가격을 표시하고 돈을 받는 이 당연한 절차가 가끔은 번거로울 수 있다. 로고스호프가 선진국에 정박하여 서점을 개장하기도 하지만 책을 쉽게 접할 수 없는 어려운 곳을 방문할 때가 더 많다. 심지어 달러나 유로화를 본 적이 없는 시골 항구에 정박할 때도 있다. 그래서 해결책으로 가는 곳마다 그 나라에서 유통되는 화폐와 교환하여 책을 판매할 수 있도록 로고스호프만의 화폐 단위를 만들었다. 물론 이 때문에 방문하는 사람들에게 이 상황을 설명하고, 또 국가별 화폐와 유닛을 환전하기 위한 환산표를 곳곳에 배치하는 수고가 필요하다.

이런 변화무쌍한 상황 속에서 우리의 목표는 책을 판매하여 그 이윤으로 배를 계속 운영하는 데도 있지만, 그보다 우리가 더 중요하게 여기는 것은 사람들과의 만남이다. 로고스호프는 만남의 장소이다. 그리고 서점도 그런 중요한 공간 중의 하나다. 로고스호프 사역의 특징 중 하나를 들자면 사람들이 우리에게로 찾아온다는 것이다. 정말 다양한 사람들이 배를 방문한다. 아니, 정확하게 말하면 하나님이 그들을 보내주신다. 그러면 우리는 그 작은 만남들을 통하여 여러 모양으로 우리의 삶을 인도하시고 만나주신 하나님을 그들과 나누고 간증한다.

사도 바울이 "우리는 그리스도의 편지"(고후 3:3)라고 했던 것처럼, 로고스호프에는 다양한 그리스도의 편지들이 있다. 우리는 그분이 만져주시고 인도해주신 400여 명의 편지들인 것이다.

라인업

사도 바울이 난파당했던 멜리데 섬, 오늘날 몰타의 발레타 Valletta 항구 저 멀리 부둣가에 많은 사람들이 모여 있었다. 우리를 환영하는 사람들이 'Welcome Logos Hope'라고 쓰인 현수막을 들고서 손을 흔들고 있다. 그들은 몰타 연합 교회단에서 온 환영단이었는데, 마치 축구 응원가와 같은 환영 노래를 부르며 뛰고 있었다. 무리 앞에는 로고스호프의 선발대 선교사들이 환하게 웃으며 손을 흔들고 있었다.

로고스호프에서는 입항 3-6개월 전에 라인업 Line-up 이라 불리는 선발대를 먼저 보내는데 그들은 배가 들어오기 전에 전반적인 사항들을 정리한다. 로고스호프에 승선한 400명의 선교사들은 60종의 여권, 즉 국적을 가지고 있다. 따라서 이 개개인의 입국 비자 문제를 해결해야 한다. 한국 사람들은 별 문제가 없지만 인도를 비롯한 몇몇 국가 사람들은 비자 문제로 배 밖에 혹은 항구 밖에 나가지 못하는 경우도 있다. 심한 경우는 그 나라 영역에 아예 들어가지 못하고, 일정 기간 다른 지역에서 사역을 하다가 다른 항구에서 합류해야만 한다. 그뿐 아니라 배가 항구에 들어가기까지 8-10가지가 넘는 관공서의 허가가 필요한 나라들도 있다. 이런 법적인 문제들이 해결되지 않아서 항구 방문 자체가 취소되는 경우도 있다.

또한 선발대는 배의 방문을 홍보하고 현지인들 중에 선상 사역을 도우면서 선교 경험을 쌓을 수 있도록 자원봉사자를 모집하기도 하고, 현지 교회들을 도울 사역들을 기획하기도 한다. 또 고아원, 교도소, 병원 등의 공공기관들을 찾아가 봉사를 할 수 있도록 준비한다. 그리고 배 안에 있는 선교사들의 경력과 재능에 따라 치과/의료진료 팀, 토목/건물건축 팀, 안경 무료제작 팀, 도서기부 및 도서관 운영교육 팀 등 로고스호프의 전문 인력들이 섬길 수 있는 기회도 마련한다.

하지만 매번 계획대로 일이 진행되는 것은 아니다. 콜롬보에서의 경우처럼 사역 기간이 연장되는 경우도 있지만, 반대로 선발대를 보냈는데 사역이 취소되는 경우도 있다. 로고스호프의 엔진이 노후하여 수리기간이 길어지자 인도 투티코린Tuticorin 사역이 취소되었다. 라인업 팀으로 나갔던 종민이는 한국인 선교사였는데 그는 태국 푸켓Phuket과 인도네시아에서도 선발대로 나갔다가 사역이 취소되는 경험을 했다. 그에게는 참으로 실망스러운 일이었을 것이다.

그런데 종민이는 담담하게 말했다. "정말 많이 배웠어요." 성공도 실패도, 그리고 취소도 결국에는 하나님의 일하심이 아닐까?

로고스호프는 입항하고 다음날부터 서점을 개점하여 정부 인사를 비롯해 지역의 각계각층 사람들을 초청해서 공식 오픈 행사를 갖는다. 무수한 선상 수련회와 세미나 등의 이벤트를 진행하는가 하면, 동시에 선교사들이 정박한 지역 곳곳을 방문하기도 한다. 전도여행 팀을 몇 주 동안 내지로 보낼 때도 있고, 때로는 지역 교회들을 중심으로 대규모 연합행사를 주최하기도 한다. 이 모든 것이 바로 3-4명의 라인업이 준비해야 할 사역들인 것이다.

이런 문제들을 현지 오엠과 함께 진행하는 경우도 있지만, 가끔은 현지에서 도움을 줄 만한 사람들의 전화번호 몇 개와 이메일만을 가지고 가는 경우도 있다. 많은 어려움과 문제들이 있지만 동시에 하나님의 계획하심과 놀라운 섭리를 경험하게 되는 매력 있는 부서이기도 하다. 그래서 로고스호프에 승선한 선교사들은 한 번쯤은 라인업 부서에서 사역하는 것을 상상해본다.

BST(기초 선상 안전 훈련)가 끝나고 소속될 부서가 적힌 봉투를 건네받을 때 어떤 동기 선교사는 "아, 제발 라인업, 라인업, 라인업!"이라고 간절히 읊조렸지만 결국, "엇?! 갤리Galley(음식조리 부서)네" 하며 좌절하기도 했다.

그 당시에는 잘 몰랐지만 라인업 부서는 배에 승선해서 바로 들어갈 수 있는 것이 아니었다. 처음 온 초년생 선교사에게 배를 대표해서 선교선 사역을 소개하고 현지 사역을 계획하라고 할 수는 없기 때문이다. 또 라인업이 되는 데는 본인의 의지도 중요하지만 라인업 리더십들의 선택이 더 중요하다. 그리고 무엇보다도 사역 기간을 1-2년 정도 더 연장해야 한다. 로고스호프에 선교사로 지원할 수 있는 프로그램은 3개월, 1년, 그리고 2년 과정이 있다. 3개월, 1년 지원자는 라인업 선발 대상에서 제외되고 2년 과정으로 승선한 이들에게만 자격이 주어진다. 그런데 거기에다 2년을 더 연장해야 하기 때문에 총 4년이 되는 것이다.

로고스호프에서 라인업으로 활동하신 이진영 선교사는 내가 승선하기 전에 사역을 종료하고 고국으로 돌아간 선배님이다. 이 선교사는 처음 승선하여 갤리에서 1년 2개월을 보낸 후에 추천을 받아 라인업에 참여하게 되었다. 당시 로고스호프가 영국 방문을 앞두고 있었기 때문에 그는 북쪽의 스코틀랜드에 선발대로 가게 되었다.

라인업으로서 배보다 3개월 먼저 스코틀랜드에 가서 입항 준비를 하면서 400명이 넘는 선교사들의 비자를 비롯한 제반 사항을 처리하느라 어려움이 많았다고 한다. 하지만 어려움이 클수록 스코틀랜드를 품고 알아가는 것이 사역에 동기부여가 될 거라 생각했는데, 하나님께서는 100년 전 뜨거운 심장을 가지고 조선 땅에 온 스코틀랜드 선교사 한 분에 대해 알게 하셨다.

존 로스 John Ross, 1842-1915 선교사. 만주에서 홍삼장수를 하던 서상륜의 도움을 받아 요한복음과 누가복음을 최초로 한글로 번역하는 데 매진했던 선교사였다. 언더우드 선교사가 조선에 도착하기 전에 이미 한글 신약성경 번역을 마침으로써 후배 선교사들을 위한 선교의 기틀을 다지신 분이셨다.

이진영 선교사 일행은 로고스호프의 사역보고 및 홍보를 위해 에든버러 시내의 한 교회를 방문하게 되었다. 그는 존 로스 선교사의 고향을 방문했다는 사실을 의미 있게 받아들였다. 로스 선교사가 심혈을 기울여 번역한 신약성경을 100년 후에 이진영 선교사가 읽고 예수 그리스도를 영접하였고, 후에 선교사가 되어 다시 로스 선교사의 고향을 방문하여 선교선의 입항을 준비하고 있다고 생각하니, 주님의 인도하심이 놀랍다고 느끼지 않을 수 없었다.

그는 사역보고를 앞두고 담임 목사님을 찾아가 이야기를 나누던 중, 하나님께서 감동을 주셔서 한복을 입고 성도님들에게 인사를 드려야겠다는 생각을 했다. 선교의 불이 꺼져가고 있는 이곳에 다시금 로스 선교사님의 이야기가 불씨가 되기를 바라는 마음에서였다. 사역 보고를 마치고 그는 강단에 올라가 큰절을 올렸다. 서양인들은 절받는 것을 굉장히 고마워한다. 왜냐하면 동양인들에게 있어서 큰절이 가장 큰 존중의 표시인 것을 알고 있기 때문이다. 그는 절을 올리기 전에 이렇게 고백했다.

"스코틀랜드 성도여러분에게 한국을 대표해서 진심으로 감사의 인사를 전하고 싶습니다. 저는 여러분이 파송한 존 로스 선교사님이 번역하신 (로스역과 현재의 성경은 약간의 차이가 있지만 로스역이 최초의 한글 성경이라는 의미에서) 신약성경의 요한복음 3장 16절을 읽고 예수 그리스도를 받아들였습니다. 로스 선교사님이 한글성경을 내신 지 100년이 흘렀고, 저는 에든버러 선교 100주년의 해에 한국인 선교사로서 여러분 앞에 서 있습니다. 한국 교회는 그 뒤로 많이 성장하여 이제는 전 세계에서 두 번째로 선교사를 많이 파송하는 나라가 되었습니다. 진심으로 감사합니다."

절을 마치고 일어서서 성도들의 얼굴을 보니 그들의 눈에서 눈물이 흐르고 있었고, 그는 하나님이 주시는 마음으로 스코틀랜드의 성도님들을 위로하고 격려할 수 있었다. 동시에 그들의 눈물이 이진영 선교사 일행과 로고스호프에게도 도전과 위로가 되었다. 로스 선교사와 같은 수많은 분들의 수고로 지금의 한국 교회와 성도들이 존재할 수 있었던 것처럼 앞으로도 전 세계 수많은 선교사들을 통해 구름과 같은 허다한 무리가 예수 그리스도의 증인으로 서게 될 것이다.

우리의 진정한 VIP: 로고스호프 공식 개장

로고스호프에 만국기가 휘날리고 분주한 움직임들이 보였다. 데키Deckie라고 불리는 갑판원들이 어제부터 열심히 배를 청소하더니 오늘 아침은 배가 너무나도 깔끔해 보였다. 배뿐만 아니라 사람들도 마찬가지다. 더 이상 땀과 먼지 그리고 기름때로 얼룩진 작업복 차림이 아니다. 선장님과 기관장님을 비롯해 항해사와 엔지니어도 새하얀 제복으로 갈아입고 머리까지 깔끔하게 정리했다. 이 사람이 내가 아는 그 사람이 맞나 하는 의심이 들 정도다. 마치 영화 속에서 보던 해군 제독 같고 또 조난 영화의 영웅처럼 보이기도 한다. 그들은 이처럼 멋지게 차려 입고 배 입구Gangway 양쪽으로 도열해서 누군가를 기다리고 있었다.

단장님을 비롯한 배의 다른 리더들도 정장을 입거나 자신의 전통의상을 입고 모여들었다. 당장이라도 흥겨운 노래를 선사해줄 것만 같은 검은색 마리아치 Mariachi 의 의상을 입은 멕시코 형제와 캉캉 춤을 연상케 하는 남미의 전통의상을 입은 자매들도 보였다. '플랜더스의 개'에나 나올 것 같은 가죽 멜빵 반바지에 하얀 셔츠와 가죽 모자를 쓴 스위스 형제, 불편해 보이는 커다란 나무 신발을 신은 네덜란드 자매들도 보인다. 그리고 그 중심에는 고운 빛깔에 단아함을 뽐내는 한복을 입은 우리 선교사들도 있었다. 오늘이 무슨 전통의상 페스티벌인가?

모두가 오늘은 내가 최고로 멋진 사람이 될 거라고 약속이나 한 것처럼 차려 입었고, 거기다가 평소에 한 명이던 사진기자 주위에 처음 보는 현지인 기자들이 연신 카메라 플래시를 터트리고 있었다. 몇몇 선교사는 커다란 카메라를 대동한 방송국 기자들과 인터뷰 중이었다.

이윽고 VIP가 거의 도착했다는 소식이 전해지자 분위기가 차분해졌다. 사람들은 자기 자리를 찾아가서 앉았고 기자들은 마치 순간이동을 한 것처럼 삽시간에 VIP가 다가오는 부둣가에 나가 있었다. "아니, 도대체 누가 왔길래 밖이 이렇게 북적대는 거야?"

몇 분 후 나의 궁금증이 풀렸다. 그리고 나는 텔레비전을 보듯 마냥 신기해서 숨죽여 VIP를 구경하고 있었다. 몰타의 대통령이 배를 방문한 것이다.

몰타의 조지 아벨라 대통령은 로고스호프의 리더들과 인사를 나누고 이야기를 하면서 로고스라운지 Logos Lounge 로 자리를 옮겼다. 로고스라운지는 우리의 예배 장소이자 모든 공식 행사가 열리는 곳이다.

분위기가 정돈되고 행사가 시작되자 경쾌한 배경 음악이 흘러나왔다. 무대 벽면에는 커다란 몰타 국기가 걸려 있었다. 그리고 전통의상을 입은 선교사들이 한 명씩 앞으로 나와 각국의 언어로 "로고스호프에 오신 것을 환영합니다"라고 인사했다.

마지막으로 단에 올라온 선장님과 단장님은 정중하게 몰타에 방문할 수 있게 되어 영광이라고 인사를 건넸고, 이어서 아벨라 대통령이 단에 올라서서 답사를 했다.

"저는 비영리 단체인 GBA의 배들이 계속해서 몰타를 방문해주는 것에 대해 늘 감사하고 있습니다. 모든 이들에게 좋은 책을 보급하고 있는 로고스호프는 영혼에 유익을 주는 장소입니다. 저는 앞으로 여러분의 수고와 선행으로 세계의 미래가 더 밝아질 것이라 확신합니다."

환영행사가 끝나고 단장님과 대통령은 이야기를 나누며 서점 입구에서 테이프 커팅식을 거행했다. 이렇게 한 나라의 대통령을 초청하여 선교선 사역을 시작할 수 있다는 것이 대단하게 느껴졌다.

사실 로고스호프에 대통령이 방문한 것은 이때가 처음이 아니었다. 로고스호프 사람들이 가장 기억에 남는 VIP로 꼽는 인물은 내가 승선한 라스팔마스 바로 전 항구에서 방문한 아프리카 라이베리아의 대통령이었다. 아프리카 최초의 여자 대통령이자 21세기 철의 여인이라고 불리는 라이베리아의 엘렌 존슨 설리프 ^{Ellen Johnson Sirleaf} 대통령
은 세 아이를 키우면서 유엔 아프리카 개발 책임자를 지내기도 했다.
그뿐 아니라 재무장관 재임 시절에는 역대 대통령들의 정책에 반대
하여 사형선고까지 받았던 인물이다.

라이베리아의 공식 개장식이 있던 날, VIP인 그녀는 푸른색 아프
리카 전통의상을 곱게 입고 환한 미소를 띤 채 차에서 내렸다. 엘렌
대통령은 범접하기 어려울 것 같은 아우라^{Aura}와 할머니 같은 편안함
을 동시에 지닌 인물이었다. 그래서 대통령을 경호하는 삼엄한 분위
기 속에서도 모두가 편안한 마음으로 행사를 진행하고 참여할 수 있
었다.

단상에서 엘렌 대통령이 입을 열었다.

"지식과 도움 그리고 희망을 전해주러 이곳까지 오신 로고스호프의 단장
님 이하 모든 사역자들께 감사를 드립니다. 여러분이 이곳에서 우리에게
책들을 보여주시는 것만으로도 라이베리아 재건에 엄청난 공헌을 하시
는 것입니다(그때의 방문을 통해 로고스호프는 라이베리아의 80개 학교
에 5만 권의 책을 기증했다). 지식은 어떤 개인이나 그룹 또는 국가로 하
여금 더 나은 미래를 향해 전진하게 하는 추진력을 가지고 있기 때문입
니다."

엘렌 대통령이 하버드를 졸업하고 유엔에서 일한 사람이어서 이

렇게 멋진 말을 한 것은 아닐 것이다. 그녀는 '철의 여인'이라는 별명보다 '철의 어머니' 혹은 '철의 할머니'라는 표현이 더 어울린다는 생각이 들었다. 엘렌 대통령은 다른 대통령들과 달리 서둘러 자신의 관저로 돌아가지 않았다. 오히려 로고스호프에 더 오래 머물면서 "단장님, 라이베리아에 계시면서 지금까지 불편하신 것은 없었나요? 제가 도와드릴 것이 없을까요?"라고 물었다.

오랜 내전과 독재로 인해 피폐해진 나라들에는 공통점이 있다. 무수한 법규와 규제, 그리고 안전을 위한 철저한 검문검색이다.

"저희에게 특별한 어려움은 없습니다. 다만 여기 오시는 라이베리아 국민들이 배에 들어오기 위해서 항구 입장료를 내야 합니다. 그리고 이때 신분증 검사를 받아야 하는데, 아시는 것처럼 많은 분들이 신분증이 없어서 들어오지 못하거나 항구 입장료가 부담스러워서 오지 못하는 경우가 있습니다."

엘렌 대통령은 진심으로 더 많은 사람이 로고스호프에서 책을 접하기를 원했다. 그래서 대통령령으로 항구 출입에 대한 규제와 법규들을 일시적으로 해제해주었다.

때마침 학교 단체 방문 프로그램이 끝나고 아이들이 배의 서점으로 우르르 몰려들었다. 서점을 둘러보던 엘렌 대통령은 어느새 온화한 할머니가 되어 있었다. 아이들을 안아주고 악수하고 머리를 만져

주었다. 아이들이 로고스호프에서 책보다 더 좋아하는 것이 바로 아이스크림이었는데, 그녀는 기꺼이 배 안에 있는 모든 사람에게 아이스크림을 돌렸다.

라이베리아를 떠난 지 몇 달 후 그녀가 라이베리아의 대통령에 재선되었다는 소식이 들려왔다. 그녀가 2011년 노벨 평화상을 수상했을 때 우리는 정말 마땅히 받아야 될 사람이 받았다는 기쁨과 함께, 우리가 잘 아는 사람이 노벨상을 받았다는 생각에 가슴이 뿌듯했다.

로고스호프뿐만 아니라 앞서 사역했던 로고스호, 둘로스호, 로고스2호 등의 오엠 선교선을 방문했던 VIP 중에는 대단한 사람들이 많았다. 그중에는 오엠 선교선을 "떠다니는 유엔"이라고 불렀던 전 미국 대통령 지미 카터Jimmy Carter를 비롯한 각국의 대통령들, 이희호 여사와 같은 영부인들, 남아공 인권운동의 상징인 투투 주교Desmond Tutu, Archbishop Emeritus of Capetown, 노벨 평화상 수상자 등이 있다. 아프리카 가나에서는 84명의 부족장이 참석하기도 했었다.

하지만 세상 누구와 비교한다 하더라도 우리의 진정한 VIP는 한 분이시다. 흥미로운 것은 이 최고의 VIP가 우리의 Captain(선장)이기도 하다는 사실이다. 지금까지 오엠 선교선에서 사역하였던 수십 명의 선장들이 인정하는 유일한 선장은 예수님이시다.

로고스호프의 모토인 'Bringing Knowledge, Help and Hope'는 전부 그리스도와 관련된 것이다. 우리 주님은 로고스호프가 예수님의 이름으로 이 사역들을 감당하기를 원하신다.

로고스호프에서의 하루

로고스호프에서는 보통 아침 6시에 기상한다. 물론 더 일찍 일어나는 이들도 있는데, 갑판과 엔진 당직자들, 각 구역을 청소하는 천사^{Angel}들, 아침 식사를 위해 주방에서 일하는 이들, 그리고 새벽 4시부터 빵을 굽는 제빵사들이 그들이다. 7시에는 아침 식사를 한다. 주로 시리얼과 분유, 그리고 식빵, 치즈, 햄 등이 나온다. 7시 45분이 되면 예배실에 모여 아침 예배^{Morning Devotion}를 드린다. 이때는 주로 단장님을 비롯해 리더들이 말씀과 묵상을 나누지만 때로는 존 파이퍼^{John Piper}와 같은 유명 강사나 선교사님 혹은 현지 목사님들을 모시기도 한다.

예배 후에는 각자가 속한 부서에 가서 맡은 일을 한다. 하루 일과가 시작되는 것이다. 로고스호프에는 유치원부터 중학교까지의 교과 과정도 진행되는데, 일과시간이 시작되면 아이들은 학교가 있는 8층으로 올라간다. 아빠들은 엔진실로, 갑판으로, 주방으로 간다. 주방에서는 아침 식사 후에 식기를 세척하느라 바쁘고, 바로 옆에서는 점심을 준비하느라 바쁘다. 우리가 천사라 부르는 빨간 옷을 입은 자매들은 진공청소기를 등에 메고 계단 구석구석을 쓸고 있다. 빨래방에서는 대형 세탁기가 돌아가고 전기 작업실에서는 납땜 냄새가 난다. 선내 진료소에서는 말레이시아에서 온 모세라는 나이 많은 의사 선생님이 아침부터 환자를 진료하는 중이고, 치과 의사인 크리스는 환자가 없는 시간을 이용해 성경을 읽고 있다.

목공소에서는 나무를 가공하는 소리가 들리고 용접소에서는 불빛이 번쩍번쩍한다. 재정, 인사, 훈련, 항해, IT, 방송 등을 담당하는 사무실에서는 컴퓨터를 켜는 것으로 바쁜 일과를 시작한다. 이벤트 부서에서는 오늘 있을 학교방문 프로그램을 위해 무대를 정비하고 또 외부로 사역 나갈 이-데이Evangelism Day 팀에게 오늘 사역 일정을 알려주고 있다. 방문객 층Deck 4에서는 아이카페 선교사들이 아이스크림 기계를 정비하고 있고 서점 멤버들은 이리저리 바쁘게 책을 옮기며 사람들을 맞을 준비를 한다.

이렇게 다들 바쁘게 일하다가 12시가 되면 모두 식당으로 와서 삼삼오오 점심을 먹으며 이야기를 나눈다. 점심은 주로 슬라이스 햄과 치즈, 야채 등으로 만드는 샌드위치다. 이 시간에 아이들도 선생님과 함께 내려와 식사를 위해 줄을 선다. 내가 승선했을 당시 선내에는 40여 명 정도의 아이들이 있었다. 로고스호프에는 가족도 많이 승선을 하는데, 주로 항해사, 기관사, 전기공 등 전문 기술을 가진 이들이 가족과 함께 생활하고 있었다. 점심 식사 후에는 다시 일터로 돌아가 각자 맡은 업무에 열중한다.

한 주간의 스케줄에는 일정한 패턴이 있다. 주중 5일은 업무가 계속되고, 하루는 쉬는 날Off-day, 그리고 남은 하루는 이-데이E-day라고 부르는데, 이날은 라인업과 이벤트 부서에서 계획한 사역들을 통해 복음을 전한다.

저녁에는 요일을 정해서 정기적으로 행사가 열린다. 월요일에는 워십나이트^{Worship Night}라는 찬양예배를 드리고, 화요일에는 쉽패밀리 나이트^{Ship Family Night}라는 것이 있는데 이것은 기혼 선교사 가정이 부모가 되고 미혼 선교사들이 자녀가 되어 함께 가족을 이루는 모임이다. 나는 지안 월서 단장님 가족이었는데, 부모는 스위스 사람, 형제로는 아르헨티나인 형, 핀란드인 누나, 미국인 누나, 영국인 여동생, 남아공 여동생, 몽골 여동생 등이 있었다. 쉽패밀리는 화요일 저녁을 같이 먹고 그 후로 함께 게임을 즐기거나 기도 요청을 하면서 가족으로서 함께 시간을 보낸다. 목요일은 프레어나이트^{Prayer Night}로 세계 열방과 민족들 그리고 이슈가 되고 있는 문제들을 놓고 기도하는데, 특히 정박하고 있는 나라를 위한 기도를 많이 한다.

이처럼 로고스호프는 마치 떠다니는 하나의 마을과 같다. 각자가 맡은 일과와 개인 생활로 아침부터 저녁까지 바쁘게 돌아간다. 문화와 언어는 다르지만 바쁘게 일하는 모습이 한국에서의 일상과 다르지 않아보였다.

 예수님은 네게 누구시니?

로고스호프는 방문하는 나라의 현지 자원봉사자들을 통해 사역에 큰 도움을 받는다. 자체 인력이 부족하기도 하거니와 특히 언어가 다른 나라에서는 자원봉사자들의 도움이 절대적이다. 자원봉사자들은 며칠 동안 또는 몇 주 동안 선내의 선교사들과 각 부서에서 함께 일하며 우정을 쌓을 기회를 갖는다.

나는 로고스호프가 몰타의 발레타 항구에 있는 동안 루카스라는 자원봉사자와 함께 일을 했다. 루카스는 이제 16살이 된 고등학생으로 교회를 다닌 지 1년밖에 안 된 친구였다. 루카스가 우리 서점 팀과 함께 일한 지 이틀째 되던 날이었다. 그날은 항구에 책 컨테이너가 도착해서 책들을 선내 책 창고로 옮기는 일을 했다. 우리는 인간 체인을 만들어 무거운 책 박스를 서로 주고받아 가며 하루 종일 수백 개의 책 박스를 나르고 또 날랐다. 몸은 바빴지만 입은 놀고 있었기 때문에 작업장에는 수다와 웃음소리가 끊이지 않았다.

나와 몇몇 선교사들 그리고 루카스는 몰타에 대한 이야기, 가족 이야기 등을 나누었는데, 그러다가 교회 이야기가 나왔다. 루카스는 친구의 소개로 교회에 출석하게 되었는데, 교회 다니는 것이 무척 재미있다고 했다. 몰타 국민은 거의 대부분이 의례적인 가톨릭 신자들이기 때문에 루카스 역시 우연한 기회에 친구를 따라 교회에 놀러갔다고 했다. 그러다 루카스의 짧은 고백 때문에 잠시 정적이 흘렀다.

"그런데 예수님 믿는다는 게 뭔지 잘 모르겠어…. 사실 나는 무신론자야."

그 말을 들은 우리는 저마다 루카스에게 신앙상담을 시도했다. 루카스는 평소 성경에 대해 궁금해하던 문제들을 늘어놓기 시작했다.

루카스는 참 똑똑한 아이였다. 뛰어난 언변과 과학적 증거(?)를 기반으로 성경에 나오는 기적들과 이야기들을 분석해가면서 그 사건들이 사실이 아니라고 주장했다. 이를 듣던 선교사들은 저마다 친절하게 루카스에게 기독교 신앙에 대해 설명을 해주었다. 몸을 바쁘게 움직이는 가운데서도 토론을 진행한 것이다.

우리의 토론은 점심 시간을 지나 오후 노동 시간까지 이어졌다. 신앙이라는 것은 뛰어난 설명을 통해 생겨나는 것이 아니었다. 하지만 계속되는 대화 속에서 루카스가 말하는 것을 들어보면, 그의 마음 가운데 아직 의문이 많기는 하지만 하나님을 믿고 싶은 갈망이 있다는 것을 느낄 수 있었다. 다만 그가 알고 있는 정보들이 그의 발목을 잡고 있었다. 나는 속으로 기도했다.

'주님 어떻게 하면 주님을 잘 소개할 수 있을까요? 도와주세요. 루카스의 마음 가운데 역사하여 주세요.'

늦은 오후가 되어서야 책 박스를 옮기는 작업이 완료되었고, 루카스도 집에 돌아갈 시간이 되었다. 나는 루카스에게 인사를 하면서 이런 이야기를 건넸다. "루카스, 너는 복음을 알고 있고 예수님을 믿고 싶은 마음도 가지고 있는데, 네가 알고 있는 정보들이 네가 믿음을 갖는 걸 가로막는 것 같구나."

내 말을 듣던 루카스는 아무 말도 하지 못하고 고개만 끄덕였다.

나는 루카스에게 돌아가기 전에 짧게 기도해주겠다고 했다. 그리고 나는 정말 짧은 기도를 드렸다. "예수님, 우리는 예수님을 믿고 싶어요. 루카스를 도와주세요. 예수님 이름으로 기도했습니다." 그리고 나는 루카스에게 이렇게 물었다. "루카스, 네게 예수님은 누구시니?" 루카스는 대답을 못 했다. 그러고는 깊은 생각에 잠겼다.

"내 생각에 신앙이라는 것은 예수님에 대한 정보를 통해서 생기는 것이 아니라, 예수님이 우리에게 어떤 분이신지를 체험적으로 알 때 생기는 것 같아. 루카스, 네게 예수님은 누구시니?"

루카스는 여전히 대답을 못 하고 그 날은 그냥 그렇게 집으로 돌아갔다. 그런데 다음날 다시 배에 봉사하러 온 루카스는 나를 보더니 반갑다는 듯이 내게 와 이렇게 이야기했다.

"사랑, 내가 어제 집에 돌아가서 네가 한 이야기를 많이 생각해봤어. 예수님에 대해서 말이야. 나는 아직 예수님을 잘 모르지만 그분을 알고 싶어. 그분을 만나고 싶어. 이제 예수님을 믿는다는 것이 무엇인지 조금이나마 알 것 같아. 고마워."

그의 심령 가운데서 하나님께서 일하신 것이 느껴져 절로 미소가 흘러나왔다. 나는 루카스가 한 말에 그저 감사했다. 그리고 때때로 루카스와의 대화를 생각하며 같은 질문을 내게도 던지곤 한다. '예수님은 내게 누구신가?' 그 질문에 대한 답이, 곧 예수님과의 관계가 나를 선교사로 만들었기 때문이다.

"당신에게 예수님은 누구신가?"

 리비아로 항해

머리가 어지럽다. 속은 이미 뒤집어진 지 오래다. 몰타를 떠나 리비아로 향하는 하룻길이 이렇게 힘들 줄이야. 발레타 항구를 떠난 지 얼마 되지 않아 로고스호프는 서서히 시계추처럼 전후좌우로 거의 60도씩 기울기 시작했다. 이럴 때는 책상에 있는 물건들, 책장의 책들과 서랍은 미리 빼놓는 게 상책이다. 그런데 이번 항해는 좀 심했다. 바이킹 같은 놀이기구도 한두 번이면 즐겁지만 하루 종일 타는 것은 괴로운 일이다. 사람들이 슬슬 비실거리기 시작했다. 점심 시간이 되었는데 주방에서 일하는 선교사들을 제외하고는 밥을 먹는 이들이 거의 없었다.

나도 밖으로 잠깐 나왔다가 멀미가 심해져 후다닥 다시 방으로 돌아왔다. 복도 바닥에 사람들이 여기저기 드러누워 있었고 구토를 한 자국도 여럿 보였다. 배가 심하게 흔들릴 때면 종종 보는 광경이다. 이럴 때는 해군 출신이었다는 것이 조금 부끄럽기는 하지만 해군도 살고 봐야 하니 일단 드러눕는 것이 상책이다. 소속 부서의 업무가 없다면 말이다.

항해 때 이렇게 심하게 흔들리는 배에 누워 있으면 마치 무슨 대형 요람에 누워있는 듯한 기분이 들곤 한다. 당시 난 2층 침대의 2층에서 잠을 잤다. 그런데 문제는 이 침대에 난간이 없다는 것이다. 그래서 그날은 자면서도 매트 모서리를 잡고서 떨어지지 않으려고 부단히 노력했었다.

저녁때쯤 동기 정민이가 방문을 열고 들어왔다. 멀미로 골골거리며 누워 있는 내게 정민이는 아무렇지도 않다는 듯 쌩쌩한 얼굴로 말을 걸어왔다. "형, 뭐해요?" 그는 천진난만한 표정으로 날 잠시 바라보더니 고개를 갸우뚱거리며 이내 나가버렸다.

정민이는 약이 오를 정도로 전혀 멀미를 하지 않았다. 난 2년 동안 함께 배를 타면서 정민이가 멀미하는 걸 본 적이 없다. 배를 타다보면 정민이처럼 체질적으로 멀미를 전혀 하지 않는 사람들을 보게되는데, 그저 부러울 따름이다. 어쨌거나 나는 속이 뒤집어지고 두통 때문에 괴로웠다. 배 생활을 시작한 지 얼마 되지 않은 시점에, 이렇게 항해 때마다 괴로울 것을 생각하니 눈앞이 캄캄했다. 그래서 '아이고, 주님' 하고 기도가 절로 나왔다.

그러다 몰타에서 만난 나이지리아 출신 변호사 아저씨와의 대화가 생각났다. 항해법과 관련해서 선박들을 변호하시는 이분은 배를 탈 일이 많으신데, 멀미를 심하게 하는 그 변호사님이 배에 탈 때마다

드리는 기도가 있다며 알려주셨다.

"하나님, 바다를 변화시킬 수 없다면 저를 변화시켜주세요."

그 말을 들을 당시에는 별로 대수롭지 않게 생각했었는데, 내가 막상 그 상황에 처해보니 정신은 하나도 없고 생각나는 것은 그 기도밖에 없었다. 기도로 몸과 마음을 달래며 잠을 청하던 나는 이천 년 전 이 해역에서 로마로 압송되던 중 유라굴로 광풍을 만나 난파당했던 사도 바울은 얼마나 힘들었을까 생각해보았다. '아, 이럴 줄 알았으면 비행기 선교할 걸…'

드디어 다음날 아침 우리는 당시 군부독재자 카다피 대통령이 철권통치를 하던 리비아에 입항하였다.

로고스호프에게는 최초의 중동지역 사역지인 동시에 폐쇄적인 군부독재 국가에 왔다는 것이 의미 있는 일이었지만, 개인적으로는 솔직히 이제 드디어 땅을 밟아볼 수 있을 것이라는 기대감이 더 컸다. 그도 그럴 것이 당시 선장님 말씀에 따르면 그때의 항해는 약 3년간의 로고스호프 역사 가운데 가장 험난한 항해였다고 한다.

 리비아 입국

로고스호프가 정박하고 난 뒤 트리폴리^{Tripoli} 항구에 전통

악사들과 무용수들이 나타났다. 우리는 호기심 어린 눈으로 그들을 쳐다보았다. 여인들은 물 항아리를 머리에 이고 나풀거리는 옷과 출렁거리는 장신구들을 흔들며 살랑살랑 춤을 추었는데, 마치 우리나라의 아리랑 가락에 맞춰 춤을 추는 듯했다.

정박한 다음날은 보통 서점 개점식을 한다. 이때는 보통 그 지역의 유명인사가 초청되어 축사를 해주고 서점의 테이프 커팅식을 함께 한다. 트리폴리 항에서의 개점식에는 우리를 초청한 자선단체 와타시모 재단Watasimo Foundation의 대표인 카다피 대통령의 딸 아이샤 공주Princess Ayesha Gaddafi가 방문하였다. 아랍 국가의 공주가 배를 방문한다는 소식에 디즈니 애니메이션 '알라딘'에 나오는 자스민 공주를 상상했는지, 같은 방을 쓰는 독일인 알렉스는 아침부터 깔끔한 차림에 머리에는 무스를 바르고 있었다.

한 나라의 공주가 배에 온다는 사실이 우리 모두를 살짝 흥분하게 했다. 그날 알렉스는 서점 개점식의 손님 안내를 맡았다. 그밖에도 많은 선교사들이 저마다의 전통의상을 차려입고 공주를 맞이하였다. 드디어 아이샤 공주가 도착하였다. 차에서 내린 공주는 키가 크고 늘씬한 모델 같은 미모의 여인이었다. 공주는 배에 오르는 길에 만나는 사람들과 일일이 악수를 했다. 나중에 공주와 악수한 선교사들은 리비아에 머무는 내내, "내가 공주와 악수를 했다"며 자랑을 했다.

리비아 트리폴리에서의 서점 개점식에는 귀빈들이 많이 참석했는데, 아마도 공주가 운영하는 단체의 초청으로 이루어진 방문이었기 때문일 것이다. 개점식에는 특별한 순서들이 있었는데, 그중 하나는 여권 신장에 관한 강연이었다. 공주와 함께 온 여성 강사가 선내 극장 Hope Theater에서 강연을 했으며, 이때 많은 방송 매체와 외신 기자들이 와서 취재를 했다.

　리비아 정부는 오엠이 기독교 단체인 것을 알면서도 로고스2호를 초청했었고, 이제 다시 로고스호프를 초청했다. 지금 생각해보면 리비아 정부는 로고스호프를 통해 국제적으로 좋은 인상을 심어주려 했던 것 같다. 60개 이상의 국적을 가진 400명 이상의 외국인이 함께 모여 공동체 생활을 하는 로고스호프는 떠다니는 유엔이라고 할 수 있는데, 그런 배를 초청해서 성대하게 접대하고, 또 그 배에서 인권에 관한 강연을 하면 국제적으로 리비아의 국력을 자랑할 수 있을 뿐만 아니라 리비아가 인권 문제에 관심을 가지고 있다는 사실도 홍보할 수 있다는 것이 리비아 정부의 계산이었을 것이다.

　사실 이번 방문은 리비아인에게 전도를 하거나 기독교 문서를 전달하지 않는다는 조건 하에 이루어졌다. 게다가 당시 리비아의 왕자 중 한 명이 스위스에서 음주 운전으로 체포 구금된 사건이 있었다. 이 때문에 화가 난 카다피 대통령은 모든 스위스 사람을 리비아에서 추방하고 입국 금지 명령을 내렸다. 로고스호프에서도 40여 명의 스위스 선교사들은 리비아에 입국 허가가 나지 않아서 리비아 방문 기간 동안 인근 유럽 국가들과 레바논으로 전도여행을 떠났었다. 그런데 그 당시 단장님이 스위스 사람이었다. 단장은 선교 사역을 총괄하는 직책이었는데, 상황이 이렇다 보니 어쩔 수 없이 남아공 출신의 씨란 선교사님이 임시로 단장 직을 맡게 되었다.

우리는 처음부터 이런 상황과 어려움을 감수하고 리비아에 들어갔다. 리비아가 워낙 들어가기 힘든 나라였기 때문이다. 당시 공식적으로 리비아의 기독교인은 열 명 미만이었다. 무슬림 국가인 데다가 카다피 대통령의 철권통치가 40년을 이어왔기 때문에 리비아는 북한과 같은 폐쇄국가였다. 카다피 대통령은 김일성을 롤모델로 삼고 북한 정부와도 친밀한 관계를 맺고 있었다고 한다.

이런 나라에 우리는 하나님께서 역사하실 것이라는 기대와 소망을 가지고 들어갔다. 비록 복음을 자유롭게 전할 수는 없었지만 우리는 소망이 보이지 않는 땅에서 하나님의 은혜를 구하며 기도했고, 예배가 없는 땅에서 진정한 통치자이신 하나님을 높이는 예배를 드리며 "이 땅을 긍휼히" 여겨 달라고 구하고 또 구하였다.

 우리는 사랑하기 위해 왔다

리비아의 트리폴리 항구에 로고스호프가 왔다는 소식이 방송을 통해 리비아 전역에 알려지자, 하루 평균 9000여 명이 방문하면서 우리는 낮밤을 가리지 않고 바쁜 나날들을 보내고 있었다.

그러던 어느 날 저녁, 나는 평소와 같이 밖에서 안내 및 안전요원 임무를 수행하고 있었다. 항구 경찰 아저씨에게 리비아 아랍어를 조금 배워 방문객들에게 간단한 인사와 길 안내를 하는 것에 재미를 붙여서 그 어느 때보다 즐겁게 안내 일을 하고 있었다. 그러던 중에 팀장으로부터 무전 연락이 왔다. 서점 안에서 방문객들끼리 싸움이 일어났는데 안에 사람이 너무 많고 남자 팀원이 아무도 없으니 들어가서 확인을 좀 해달라는 것이었다. 나는 긴장을 하고 즉시 배 안으로 들어가 수많은 사람들 사이사이를 신속히 비집고 들어갔다. 하지만 서점에 도착했을 때 싸움하는 사람들은 어디에도 없었다.

'무슨 일이 있었던 걸까?' 그런데, "헉!" 서점 바닥에 피가 여기저기 흥건히 고여 있었다. '아, 싸움이 진짜 있었나 보다. 그런데 어떻게 된 거지?'

나는 주위에 싸우는 사람들은 없고 방문객들이 바닥에 흥건한 피로 인해 불편해하는 것을 보고 먼저 피를 닦기로 했다. 한참 피를 닦아낸 후 출입구 쪽에 있는 팀장에게 보고하러 갔다. 그곳에는 가죽점퍼를 입은 아랍 남성들과 제복을 입은 경찰들이 한데 모여 있었고 분위기가 심상치 않았다. 그때 다른 남자 선교사들도 모여들었다. "무슨 일이야?"

알고 보니, 리비아인 남성 한 명이 혼잡한 틈을 타서 서점 안에서 책을 정리하던 여성 팀원에게 성추행을 했다는 것이다. 그 광경을 본 다른 리비아인 남자가 "어떻게 당신은 리비아의 명예를 더럽히느냐"라며 말리려다가 싸움이 붙은 것이다. 그때 서점 곳곳에 잠복근무를 하고 있던 리비아 비밀경찰이 이 둘을 저지하였고, 경찰들은 무력으

로고스호프 이야기

로 이 남자를 배 밖으로 끌어내어 무서운 응징을 한 것이다.

　나중에 알게 된 사실인데 아랍권에서 보통 가죽점퍼를 입고 있으면 비밀경찰이며, 당시 로고스호프에 200여 명의 비밀경찰이 잠복근무 중이었다고 한다. 이는 우리의 안전을 위한 것도 있지만 행여 어떤 방법으로든 전도활동을 하지 않을까 하는 염려 때문이었다. 심지어 경찰들이 서점 곳곳을 도청한다는 소문도 있었다. 어쨌든 사건이 순식간에 경찰에 의해 강제종료되었고 우리는 그 상황에 대해 놀라고 어리둥절해 할 뿐이었다.

　그날은 너무 바쁜 날이었기 때문에 그런 상황을 전혀 모르는 팀원들도 있었다. 하지만 사실을 아는 팀원들은 마음이 심란했고 화가 났다. 우리는 정말 좋은 뜻을 가지고 왔는데 답례로 되돌려 받는 것이 이런 것이라니. 이런 생각을 하니 그때부터 찾아오는 방문객들이 보기 싫었고 짜증이 나기 시작했다.

　드디어 폐점 시간. 서점을 정리하고 모여서 나눔과 기도로 마무리할 때쯤이면 보통 새벽 1시다. 몸은 지칠 대로 지쳤고 그날 서점에서 일어난 일 때문에 분위기는 무거웠다. 리비아 사람들을 적대시하는 말들이 여기저기서 터져 나왔다. 상황이 이렇다 보니 솔직히 기도할 기분이 아니었다. 그때 팀장 중 한 명이 오늘 추행을 당한 자매가 우리에게 할 말이 있다며 곧 올 거라고 했다. 얼마 후에 그 자매가 나타났다. 많이 울었는지 눈이 잔뜩 부어 있었지만 침착해 보였다. 자매가 우리에게 말을 건넸다.

"여러분이 걱정해주고 기도해준 덕분에, 쉽지 않은 일을 겪었지만 나는 이제 괜찮아요. 모두 기도해주셔서 고마워요. 그리고 몇몇 사람들에게서 리비아 사람들을 적대시하는 말을 들었는데, 그러지 마세요. 나는 그 사람을 용서했어요. 그러니 여러분도 용서해주세요. 우리는 사랑하기 위해서 여기 왔잖아요."

그 말을 들은 우리는 할 말을 잃었다. 그리고 다시 한 번 우리가 무엇을 위해 여기에 왔는가에 대해 생각했다. 주께서 우리를 사랑하셨듯이 우리도 이들을 사랑하기 위해 온 것이다. 그날 밤 우리는 그 자매의 고백으로 그 어느 때보다 더 뜨겁게 기도를 마무리했다.

"주님, 우리가 사랑하게 해주세요."

4장
희망의 무게

 ## 광대한 수맥: 침체기

이집트 포트사이드^{Port Said}에서의 어느 날. 잠을 곤히 자다가 눈을 떴다. 그리고 잠시 눈을 깜박거리며 주변을 살펴보았다. 분명히 눈을 떴는데 사방은 온통 캄캄하다.

'여기가 어디지? 나는 왜 여기 있지? 아, 맞다. 여긴 배지….'

로고스호프에 온 지 이제 석 달이 지났는데도 여전히 아침에 일어날 때면 컴퓨터를 새로 부팅하듯 멍하니 두리번거릴 때가 종종 있다. 로고스호프의 선실은 대부분 창문이 하나도 없는 방이다. 그래서 불을 끄면 정말 아무것도 안 보인다. 그러니 밖이 낮인지 밤인지 시계를 보지 않고서는 알 수가 없다. 리비아의 트리폴리, 미수라타^{Misurata},

벵가지^{Benghazi} 항을 떠나 이제 이집트 포트사이드에 도착한 지 며칠이 지났지만 새로운 나라에 도착했다는 설렘보다는 몸이 서서히 지쳐가는 것을 느낀다. 잠을 자도 개운치가 않고 늘어져만 가는 몸을 가누는 것도 힘들었다.

그도 그럴 것이 서점에서 만나는 수천의 사람들을 안내한다는 것이, 물론 멋진 일이기는 하지만, 수많은 인파 속에서 부대끼며 느끼는 피로감은 어찌할 수가 없었다. 계산대와 안내 데스크를 오가고, 책 박스를 나르고, 손님에게 설명을 하고, 불평을 받아주고, 이리저리 시달리다 방에 돌아와서는 정신없이 곯아떨어지는 일이 점점 많아졌다. 나는 이를 두고 우스갯소리로 터가 좋지 않다고 농담을 하곤 했다. 배 밑으로는 아주 광대한 수맥이 흐르고 있기 때문이다. 배 생활 자체가 몸을 축나게 하고 지치게 하는 것이다.

다른 부서 업무들도 피곤하긴 마찬가지다. 새벽부터 청소를 하느라 복도, 계단, 화장실 구석구석을 매일 돌아다니는 청소 팀도 그렇고, 매일 시간 맞춰 천오백 끼니를 만들고 설거지하는 주방 팀의 고충도 만만치 않다. 평상시 온도가 40도이고, 항해할 때는 50도에 육박하는 엔진실에서 밤낮없이 기름 범벅이 되어 일하는 사람들, 작열하는 땡볕에 벌겋게 달아오른 철판 위에서 수많은 장치들을 관리하고 배의 안전을 책임져야 하는 갑판부에 이르기까지, 고충이 없는 부서는 어디에도 없었다.

설상가상으로 배에서 사용하는 언어는 영어다. 한국에 있을 때는

로고스호프 이야기

교회에서나 사회에서 나름 괜찮은 사람이었는데, 배에 오르니 이제 막 말을 새로 배우는 어린아이가 된 것처럼 어눌하고 답답해졌다. 그런데 시작할 때는 나와 똑같이 영어를 더듬거리며 잘 못했던 독일이나 남미 친구들은 고작 3개월 밖에 지나지 않았는데 어쩜 저렇게 말을 잘하는지, 역시 같은 계통의 언어라 그런지 습득 속도가 동양 사람들에 비해 월등히 빠르다. 그러니 영어가 어려운 선교사들은 언어적 장벽 앞에서 상대적으로 느끼는 열등감과 위화감 때문에, 그리고 몸이 지쳐 병까지 나면 정말 눈물이 난다.

그리고 공동체 생활에서 빠질 수 없는 것이 관계 싸움이다. 다양한 민족적 배경과 언어의 다양성은 로고스호프의 자랑인 동시에 단점이 되기도 한다. 때로 배에서는 어떻게 저런 사람도 예수를 믿었나 싶을 정도로 얄미운 사람, 이해할 수 없는 사람들을 만나는 '축복'을 누리게 된다.

이처럼 승선을 하고서 흔히 말하는 로고스호프에 대한 환상의 허니문 기간이 지나면, 광대한 수맥에 가라앉아 침체기를 겪는 이들이 상당히 많다. 이것은 국적과 나이를 불문하고 누구에게나 찾아온다. 나는 선교하러 왔는데 막상 하는 일은 짐 나르기, 설거지, 화장실 청소 등의 허드렛일밖에 없으니 도대체 내가 여기서 뭐하고 있는가 싶은 것이다.

이런 침체기에 일반적으로 나타나는 현상이 있는데, 남자는 살이 빠지고 여자는 살이 찐다. 우리끼리는 장난으로 배의 저주라고 말하곤 했는데, 여기엔 여러 이유가 있겠지만 내가 관찰해온 결과 여자들은 주로 맛있는 음식으로 위안을 받는 반면에 남자들은 배에서 힘쓸 일도 많은데다가 힘들고 피곤하다는 이유로 식사를 대충 챙겨 먹기 때문인 것 같다.

체형의 변화, 언어 때문에 겪는 좌절, 체력적 한계, 그리고 관계 싸움 등으로 사방이 꽉 막힌 것처럼 느껴질 때가 너무 많다. 이처럼 로고스호프는 겉보기와는 다르게 천사들이 승선하고 있는 파라다이스의 배가 아니다. 오히려 우리 선교사들에게는 만만치 않은 용광로이자 훈련소이다.

우리 안에 있는 감옥 _성안나 선교사

(나보다 6개월 먼저 승선한 안나는 본인이 배 생활을 하면서 정말 어려웠던 시기는 승선하자마자 시작되었다고 말하곤 했다.)

처음 배에 승선했을 때 인사팀에서 "열 명이 함께 쓰는 방Cabin에서 3주 동안만 지낼 수 있겠어?"라고 물었을 때 "아니요"라고 대답하지 못한 것을 나는 두고두고 후회했다.

배에 오른 지 얼마 지나지 않은 어느 날 새벽, 나는 태어나서 가장 심한 통증을 맛보았다. 혼자서 끙끙대며 방이 있는 1층에서 5층까지 겨우겨우 기어 올라갔다. 몸이 너무 아파서 나도 모르게

"끙…끙…끙…" 하며 신음 소리가 나오는데 방의 다른 친구들한 테 피해를 줄까 봐 차마 방에 있을 수가 없었다.

몸이 아프기 시작한 것은 며칠 전부터였다. 안 하던 설거지를 해서 그런지 오른쪽 팔에 근육통이 오기 시작했다. 일과를 마치 고 샤워를 하면서 목부터 등까지 두드러기가 띠처럼 감아 올라간 것을 발견했는데 처음에는 대수롭지 않게 생각했다.

팬트리Pantry (주방 식기세척 팀) 부서 특성상 오전, 오후로 근무 시간이 계속 바뀌어서 피곤한 부분도 있는데다가, 열 명이 함께 쓰는 방에서 생각보다 오래 머물게 되면서 다른 친구들과 잠자는 시간이 다른 것이 문제가 된 것 같다.

내가 아픈 것을 알게 된 한국 친구 혜미와 말레이시아 친구 펠리사는 내 상태를 보고 깜짝 놀랐다. 급기야 두 친구는 새벽에 의료실의 간호사를 깨웠다.

"아니, 안나. 이거 대상포진이잖아? 얼마나 아팠을까? 그런데 이렇 게 될 때까지 참은 거야?" 간호사 아주머니께서 오히려 나를 나무라 셨다.

나도 대상포진인 줄 알았더라면 그렇게까지 참지는 않았을 거다. 열심히 일하면서 적응하는 단계라고 생각했던 것이 화근이 었다. 다음날 아침에 의료실에 가서 진료를 받고 다시 일하기 위해서 주방에 들어왔다.

팬트리 부서의 아침 팀은 조식을 준비하기 때문에 새벽 6시부터 일을 시작한다. 네 명이 400명의 식사를 준비해야 하는데 그날은 내가 몸이 아파서 의료실에 갔다 오느라 일을 거의 못했다. 겨우 세 명이 그 많은 일을 했을 생각하니 미안해서 얼굴을 들 수가 없었다.

주방에 들어서자 팀 리더인 이탈리아 자매가 먼저 맞이해줬다. 행여 매서운 눈초리나 차가운 분위기는 아닐까 걱정했는데, 리더 자매는 나를 보자마자 깜짝 놀랐다.

"안나, 괜찮아? 얼마나 아팠으면 그랬어? 넌 일하면 안 돼. 의사 선생님한테 가서 일을 쉴 수 있도록 공식적인 허가서를 받아야 해. 내가 같이 가줄게. 넌 정말 쉬어야 해."

순간 이런 생각이 들었다. '내가 없이 일하는 게 정말 가능할까? 그동안 열심히 일을 했을 때도 그렇게 정신이 없었는데….'

나는 정말 열심히 일을 했다. 팀원들이 궂은일을 서로 미루는 것 같을 때는 내가 먼저 나서서 일했다. 나 혼자라도 열심히 일하면 잘될 것이라고 생각하고 속으로 다른 친구들을 은근히 정죄하기도 했다. 팀 리더 자매의 반응에 순간 목이 메어오면서 눈물이 났다.

그 일로 나는 이것이 홀로 하는 사역이 아니라 함께 일하는 한 팀의 사역이라는 것을 깨달았다. 혼자서 모든 것을 다 하지 않아도 된다. 우리는 함께하는 것이다. 팀이라는 말에 사역의 느낌이 강한 것이 사실이지만, 우리는 한 팀인 동시에 공동체라는 것을 그때 리더 자매를 통해 느낄 수 있었다.

그날로 나는 선내 진료소에 입원하여 치료를 받았다. 그리고 며칠 후 몸이 완전히 회복되지는 않았지만 그래도 아픈 것이 많이 나아져서 조금씩 일을 돕기 시작했다. 그러던 중 이-데이 E-day 가 되어 외부 사역을 나가게 되었다.

사역은 당시 로고스호프가 정박해 있던 도미니카 연방의 남자교도소 예배에 참석하는 것이었다. 남자교도소는 생각만 해도 무서웠다. 몸이 완전히 회복되지 않아서 컨디션도 아직 정상이 아니었다. 이 후덥지근한 카리브 해의 아열대 기후에 에어컨도 없는 차를 타고 한 시간 가까이 간다는 것은 분명 무리였다. 게다가 배에 오른 뒤로는 육지에서 차를 타면 예전과 다르게 멀미를 하는 바람에 속도 좋지 않았다.

그날은 간증, 무언극, 배 소개, 그리고 간단한 게임이 계획되어 있었다. 그런데 팀 리더인 말레이시아인 엔엔이 나에게 한국어로 축복송을 불러달라고 부탁했다.

내 몸 상태로 보나, 정서적 상태로 보나, 영적 상태로 보나 그 일은 무리에 가까웠다. '무서운 범죄자들이 가득한 교도소에서

나 혼자 노래를 부르다니….' 나는 교도소 생각으로 가는 내내 계속 두려움과 걱정에 시달리고 있었다. 이윽고 교도소에 들어섰는데 교도소는 생각보다 작았다. 도미니카 연방은 콜럼버스가 발견했다는 도미니카 공화국과는 별개의 국가로, 인구가 7만 명밖에 안 되는 작은 나라다.

교도소의 수감자는 전부 백여 명 정도밖에 안 되는 듯한데도 입구에 들어서자 분위기가 무거웠다. 차에서 내려 예배당으로 가는 길목에 철조망으로 둘러싸인 운동장이 보였다. 커다란 체구의 흑인 수감자들이 문신으로 가득한 몸을 드러내고 운동을 하고 있었다. 그러다 우리를 발견한 그들은 철조망에 붙어서 환호를 보냈다.

'저 사람들이 철조망을 거미줄 걷어내듯 뜯고 나와서 우리에게 달려들면 어쩌지?' 순간적으로 공포감이 온몸을 휘감았다. 나는 그 자리에서 그대로 얼어붙어 버릴 것만 같았다. 그들의 시선에서 벗어나 조금이라도 빨리 예배당으로 들어가고 싶었다. 예배당에 들어섰는데, 말이 예배당이지 이건 그냥 낡은 건물에 장의자 몇 개만 덩그러니 놓여 있을 뿐이었다. 잠시 후에 40여 명의 수감자들이 들어왔다. 어째서 수감자들 중에 그 사람들만 예배당에 올 수 있었는지는 알 수 없었다. 80퍼센트 이상이 가톨릭교도인 나라에서 이 사람들만 기독교 신자들인지, 아니면 모범수들이라 오게 된 것인지 알 수가 없었다. 하지만 그들이 어떻게 여기에 오게 되었는지는 진짜로 중요한 일이 아니었고, 그저 그 사람들이 무서웠을 뿐이었다. '철조망도 없는데 우리는 겨우 8명이 전부잖아.' 기도가 절로 나왔다. 그리고 팀 리더인 옌옌에게 가서 물었다.

"옌옌, 나 축복송 너무 떨려서 못하겠어. 솔직히 너무 무서워."
"안나, 두려워하지 마. 이곳에도 하나님이 계셔. 그리고 너의 축복송은 그들에게 큰 위로가 될 거야. 내가 널 위해 기도해줄게."

옌옌이 내 손을 붙잡고 기도해주자, 이내 마음이 차분해지기 시작했다. 독일 친구의 간증을 시작으로 프로그램이 하나둘 진행되었다. 시간이 흐르면서 분위기도 점점 좋아져서 어느 순간부터는 이곳이 교도소인지 교회인지 구분이 가지 않을 정도였다.

드디어 내 차례가 되었다. 한국어로 찬양을 부를 것이었기 때문에 가사의 내용을 간단히 설명했다. 그리고 찬양을 시작했다.

"당신은 사랑받기 위해 태어난 사람.
당신의 삶 속에서 그 사랑받고 있지요."

찬양은 시작되었지만 눈을 어디에 두어야 할지 몰라 처음에는 예배당 뒤의 작은 액자만 보면서 찬양을 했다. 사실 외국인들은 다른 사람들을 향해 축복송을 부르는 것을 신기하게 생각하는데, 이 노래를 부를 때면 내 마음이 하나님의 마음으로 변하는 것을 스스로 느끼게 된다. 나는 축복송을 부를 때는 항상 하나님의 마음을 생각하며 불러야 하고 그럴 때에 결국 하나님을 찬양하게 되는 것이라고 믿는다.

후렴구에 이르러서는 조금씩 사람들의 눈을 쳐다보면서 내 마음이 뜨거워지는 것을 느낄 수 있었다. 그리고 이들을 향한 하나님의 마음이 느껴지기 시작했다. 그런데 앉아 있는 그들도 이 찬양을 들으면서 한두 명씩 눈물을 흘리는 게 아닌가. 이해할 수 없는 언어의 찬양을 들으면서 말이다. 눈을 감고 손을 드는 사람, 손을 가슴 위에 두고 찬양에 깊이 빠져든 사람들도 있었다. 노래를 들으면서 이들도 하나님의 마음을 깨달은 것일까?

그 순간 하나님의 마음이 나의 가슴 깊숙한 곳에 울림을 주었다. 더 이상 노래를 부르지 못할 것만 같았다. 옌옌의 말대로 하나님은 거기 계셨다. 겉모습은 험상궂고 거칠었지만 그들도 하나님의 자녀들이었다. 하나님은 나와 동일하게 그들도 사랑하고 계셨다.

"감옥은 우리 밖에 존재하는 것이 아니라, 우리 안에 있습니다."

목사님의 설교 말씀이 마치 나를 겨냥한 것처럼 느껴졌다. 기뿜으로 시작했던 선상 생활을 어느새 감옥살이처럼 느끼고 있었던 것이다. 하나님의 사랑을 깨닫지 못하면 우리는 이 감옥에서 벗어날 수 없다. 그것은 이곳 감옥에 있는 재소자들이나 로고스호프에 있는 선교사인 나도 마찬가지다. 우리가 무언가에 스스로를 가둬놓을 때 우리는 만기일도 없는 감옥에 갇히는 것이다. 이 감옥의 열쇠는 바로 '우리를 향한 하나님의 사랑'이 아닐까?

예배가 끝나고 로고스호프 팀이 일렬로 서서 그들과 악수를 하며 하나님의 자녀인 서로에게 축복하는 시간을 가졌다. 재소자들은 남자 팀원들과는 포옹을 하고 자매들과는 악수를 했다. 더 이상 크고 거친 그들의 손이 무섭지 않았다. 그들이 처음 본 낯선 사람들이 아니라 언젠가 만난 적이 있는 친근한 사람처럼 느껴졌다. 그 커다란 손들이 내 손을 잡고 이렇게 말한다.

"노래에 많은 감동을 받았습니다."

그 말은 내 노래 실력에 대한 칭찬이 아니었다. 내 노래를 통해서 그들이 하나님의 마음을 느낀 것이다. 그들이 들은 것은 노래가 아니라 하나님의 음성이었을 것이다. 그리고 나도 다른 이들을 위해 노래한 것이 아니라 나를 향한 하나님의 사랑을 노래했고, 그 시간을 통해 그분의 사랑을 경험할 수 있었다. 그리고 이 경험들은 앞으로도 내 삶에 차곡차곡 쌓여갈 것이다.

약함이 기회

한번은 우리 한국 선교사들이 열심히 기도하는 모습을 봐 오던 일본인 선교사 요시가 내게 진지하게 질문을 했다.

> "한국 선교사님들이 기도하는 걸 보고 많은 도전을 받았어요. 그리고 한 국 교회에 믿음이 강한 신자가 많다고 들었는데 참 대단하다고 생각해 요. 그래서 궁금한 게 있는데 그렇게 열심히 기도할 수 있게 만드는 한국 기독교만의 특별한 점이 뭐라고 생각하세요?"

요시가 던진 질문은 나로 하여금 한참을 생각하게 만들었다. '한 국 기독교 신앙의 특별한 점이 뭘까?' 어떤 나라에는 수백 년이 넘는 기독교적 전통이 있고, 또 어떤 나라에는 참으로 대단한 신학자들이 있다. 그런데 우리에게는 무엇이 있어서 그처럼 열심히 하나님을 붙 들게 된 것일까? 언어적 특징? 민족적 성향? 아니면 종교심이 강해서 그런가? 나는 별의별 생각을 다 해보았지만 딱히 해답을 찾지 못했 다. 아무리 생각해도 한국인이 그처럼 열심히 신앙생활을 하는 이유 가 무엇인지 떠오르지 않았다.

그런데 요시는 내가 한국 교회의 대표도 아닌데 나를 유심히 바라 보며 대답을 기다리고 있었다. 나는 한참을 생각하면서 뭔가 자랑할 만한 것을 떠올리기도 했지만 이내 부질없는 짓이라는 생각이 들었다. 그러다가 어릴 적 교회에서 부흥회 때나 기도회 시간에 할머니가 울면서 부르시던 찬송이 생각났다. "천부여 의지 없어서 손들고 웁니다." 나는 요시에게 솔직하게 내 생각을 이야기했다.

"요시, 제가 생각하기에 한국 사람들에게 특별한 뭔가가 있는 것이 아니라 단지 하나님의 전적인 은혜가 아닐까 싶어요. 그런데도 굳이 특별한 점을 하나 찾는다면, 그것은 우리나라의 지정학적 위치와 역사를 볼 때 의지할 곳이 전혀 없었다는 점을 들 수 있겠네요. 그래서 하나님을 더욱 바라볼 수밖에 없었겠죠. 그런 절박함을 가지고 '주여!'라고 외쳤던 것이고, 하나님께 살려달라고 간절히 부르짖었던 것 같아요."

침묵이 흘렀다. 요시는 내 말에 가볍게 고개를 끄덕이며 아무 말을 하지 못했고 나도 그런 요시를 물끄러미 바라볼 뿐이었다. 나는 로고스호프에서의 생활도 이와 다르지 않다고 생각한다. 고국에 있을 때는 우리가 의지할 수 있는 것들이 많고 선택권이 있었다. 사실 기도를 안 해도 큰 문제가 없었고, 하나님께 간절히 매달리지 않아도 살 수 있었다. 그러나 여기에서는 배 안에 갇혀 체력적, 언어적 한계, 관계 싸움 등 수많은 도전들로 인해 자신의 약함과 끊임없이 대면할 수밖에 없다. 더불어 접시를 닦거나 화장실 변기를 청소하고 페인트를 칠하며 책 박스들을 나르는 단순한 노동들이 그저 무의미하게 다가올 때면, 거대한 배 안에서 자신은 하나의 부속물에 불과한 것처럼 느껴져서 좌절감이 증폭된다.

이렇게 로고스호프의 사람들은 모두가 약한 선교사들이다. 그러나 우리의 약함은 하나님을 더욱 붙잡는 기회가 된다. 여기서 우리가 의지할 분은 오직 하나님뿐이며 또 우리의 공급자와 피난처 되시는 분도 하나님뿐이라는 것을 철저하게 깨닫는다. 나아가 그 절박함과 간절함 속에 우리는 하나님을 깊이 만난다. 그렇게 될 때 우리의 노동은 더 이상 무의미한 일이 아니라 주를 향한 기도가 되고 예배가 된다. 그런 까닭에 우리 배는 날마다 무의미한 노동을 하는 노예선이 아니라 배 구석구석에서 드려지는 예배로 가득한 배가 되는 것이다. 실제로 엔젤^{Angel}(청소 부서)에서 화장실 청소를 하던 어떤 독일 자매는 이렇게 고백했다.

"내가 매일 청소하는 화장실 변기들이 나의 예배 처소입니다. 나는 주님을 이곳에서 깊이 만납니다."

물론 이렇게 고백하고 난 이후에도 우리의 이야기는 계속된다. 그러나 우리의 약함이 기회가 되어 우리는 날마다 하나님을 더욱 깊이 만난다.

헤드캐셔

이집트의 포트사이드^{Port Said}는 수에즈 운하의 관문 도시로, 이전 리비아의 항구들과는 달리 밤에도 여성들이 거리를 활보하며 다니는 것을 볼 수 있었다. 로고스호프에게 포트사이드는 하루 방문객 숫자의 기록을 두 번이나 갱신하게 해준 아주 인상적인 항구였다. 2010년 12월 4일 하루 방문객이 12,316명을 돌파하면서 지난 서부 아프리카 가나의 타코라디^{Sekondi-Takoradi} 항구에서 기록했던 12,028명의 기록을 갱신했다. 그로부터 이틀 뒤인 12월 6일 개점 마지막 날에는 방문객 숫자 13,686명을 기록하면서 최고기록을 다시 한 번 갱신했다.

이집트에서는 새로 부임한 서점 매니저 요한이 내게 헤드캐셔^{Head Casher} 자리를 제의했다. 헤드캐셔는 서점 계산대를 총괄적으로 감독하는 직책으로서 팀원들을 돌보는 일, 계산상의 문제 및 고객 상담, 서적 할인 결정, 그리고 폐점 이후 재정부와 함께 그날의 수입을 정산하는 일을 한다. 평소 그 일에 호기심을 가졌던 나는 흔쾌히 그 직책을 받아들였다. 서점 계산대에 일하다 보면 매번 다른 종류의 화폐들을 다루기 때문에 헤드캐셔로서 중요한 일 중 하나는 그 나라의 환율과 화폐의 종류를 파악하는 것이었다.

헤드캐셔 직책을 맡으면 온종일 계산대에 있어야 하는데 여기에서 재미있는 일이 많이 벌어진다. 학교 방문이 2-3개가 잡힌 날이면 계산대는 온종일 북적거리는 아이들로 정말 정신없는 곳이 된다. 간혹 초등학교 1-2학년쯤 되었을 법한 귀여운 꼬마들이 저마다 동화책과 장난감 등을 한아름 가지고 와서 계산대에 올려놓고는 그때부터 작은 지갑과 주머니에 있는 돈을 몽땅 꺼내는데, 종종 돈이 부족해서 울먹이는 외국 아이들을 달래야 할 때도 있다. 아마 이 일이 아이 손님이 많은 날의 가장 흥미로운 일이 아닐까 싶다.

또 어떤 나라에서는 은행에서 잔돈을 바꿔주지 않아 계산대 앞 고객들에게 사정을 하소연해야 했던 일, 배 전체 시스템의 고장으로 계산대가 마비되어 한동안 종이에 적어가며 계산했던 일, 폐점 후 정산을 하다가 신용카드 사인을 받은 영수증 몇 개를 분실하여 새벽 한 시까지 쓰레기통을 뒤져서 찾아냈던 일 등, 정말이지 지나고 나서는 웃을 수 있지만 당시에는 그럴 수 없었던 일들이 너무 많다.

한번은 어떤 아저씨가 책을 들고 와서 다짜고짜 이 책이 파손됐으니 30퍼센트 할인을 해달라는 것이었다. 그의 요구가 너무 열정적(?)이어서 할인을 안 해주면 되려 내가 이상한 사람이 될 것 같은 분위기였다. 파손 정도를 보니 5퍼센트밖에는 할인을 해줄 수 없는 책이었다. 책등의 글자가 아주 조금 긁힌 것뿐이었다. 아저씨와 나는 오랜 이야기 끝에 10퍼센트 할인으로 합의를 하고 계산에 들어갔다. 그런데 이 점잖으신 분이 정확히 30퍼센트 할인된 가격의 돈만 내는 게 아닌가. 그러면서 '나는 돈이 이것뿐이다'라는 식이었다. 너무 당황스러웠고 울화통이 터졌다. 그때 재미있는 일이 벌어졌다. 줄을 서서 이 광경을 지켜보던 다른 고객들이 기다리다 지쳐 울화통이 터졌는지 소리를 쳤다. "그 돈 내가 내겠소." "나도요." "이 못된 양반 같으니라고."

뒤에 있던 사람들이 이구동성으로 어떻게 그럴 수 있느냐고 야유를 하며 내 편을 들어주었다. 결국 그 아저씨는 두둑한 지갑에서 재빨리 돈을 꺼내서 지불하고는 창피했는지 얼른 그 자리를 떠났다.

그런가 하면 어떤 날에는 두 명의 인도 신사분이 찾아와서 본인들을 아부다비에서 사역하는 전도자들이라고 소개한 후에 전혀 손상되지 않은 값비싼 성경책 두 권을 가져와서 할인해달라고 정중히 부탁했다. 나는 그분들이 하시는 사역에 대한 설명을 듣고서 그분들에게 각각 20퍼센트씩 할인을 해주었다. 배 서점에는 전도 목적으로 도서를 무료로 기증할 수 있는 제도도 있었기 때문에 경우에만 합당하다면 할인해주는 것은 어려운 일이 아니었다.

해드캐셔라는 직책을 맡고서도 선택을 해야 한다는 것 때문에 책임감을 느끼는 동시에 많은 생각을 하게 되었다. 그래서 30퍼센트 할인을 해달라던 아저씨의 일도, 물론 당시에는 원칙대로 해결한 것이지만 한편으로는 돈 몇 푼 때문에 사람을 잃은 것은 아닌지, 더 좋은 방법은 없었는지 하는 생각도 든다.

택시를 타고 온 그녀: 러브 스토리 인 로고스호프

"헬로, 봉주르, 하비비."

레바논에서 로고스호프 서점을 개점한 지 얼마 되지 않아서 내가 듣게 된 인사였다. 한 문장 안에 불어, 영어, 아랍어가 한데 어우러져 자연스럽게 흘러나왔다. 나는 왜 레바논을 가리켜 중동의 파리라고 하는지 잘 알지 못했었는데, 실제로 와보니 한때 프랑스의 지배를 받은 레바논은 다른 중동 국가들과는 분위기가 사뭇 달랐다. 현지인들을 만나보면 지식인들은 불어와 영어를 기본으로 사용하였다. 거리에는 히잡이나 차도르(무슬림 여성들이 머리를 가리기 위해 쓰는 스카프)를 두른 여성들도 보이지만, 반대로 머리를 화려하게 꾸미고 자유로운 복장에다 맨살을 드러내놓고 다니는 여성들도 꽤 있었다.

다른 아랍 국가들에 비하면 종교적으로도 좀 더 자유로운 분위기였다. 레바논의 종교는 무슬림의 시아파, 수니파, 그리고 가톨릭, 정교회, 개신교 등인데, 개신교의 비율이 공식적으로는 1퍼센트에 불과하지만 전체 유사 기독교 인구가 30퍼센트에 육박하여 기독교와 무슬림이 공존하는 나라다. 이런 다양한 배경과 상황들 때문에 레바논은 정치적으로 매우 불안한 나라이기도 하다. 베이루트 곳곳에는 여전히 총탄의 흔적이 남은 건물들이 있었고, 군인과 경찰들이 삼엄하게 도시를 경계하고 있었다. 로고스호프의 자매선인 둘로스호가 베이루트 항구에 정박했을 때 도시에 폭탄테러가 있었다. 다행히 다친 선교사는 없었지만 도시의 화려한 겉모습 이면에 불안의 요소가 도사리고 있다는 사실을 상기시켜준 사건이었다.

나는 '레바논'이라는 단어를 들으면 두 가지 일이 생각나는데, 하나는 로고스호프가 레바논에서 성탄을 보냈다는 것이고, 그보다 더 중요한 것은 내가 기다리고 기다리던 그녀가 배에 찾아왔다는 것이다.

"아니, 어떻게 온 거야?"
"택시 타고 왔지. 요르단에서 출발해서 시리아를 거쳐 레바논의 베이루트까지!"

한국 오엠에서 함께 훈련받았었던 동기 도은혜 선교사가 요르단에서 국경 두 개를 거쳐 택시를 타고 온 것이다. 도은혜 선교사와 나는 서로 호감을 가지고 있었지만 각자 다른 선교지에서 이제 막 사역을 시작한 처지였기 때문에 이메일로만 연락을 주고받는 사이였다. 그런데 그녀가 크리스마스 전날에 성탄 선물처럼 찾아온 것이다.

도은혜 선교사는 배에서 이틀간 머물며 로고스호프의 크리스마스를 경험했다. 로고스호프에서 크리스마스는 연중 가장 큰 내부 행사 중 하나다. 우리는 한 달 전 대림절 기간부터 예배 때마다 주님의 오심과 은혜를 묵상하며 설레는 마음으로 크리스마스를 기다린다. 크리스마스 전야에는 쉽패밀리Ship Family별로 특별한 저녁 식사를 하는데,

이때는 배의 단장님, 선장님, 그리고 각 부서의 부서장, 매니저들이 주방 유니폼을 입고 앞치마를 두른 채 배의 온 가족들을, 요리에서 서빙, 디저트, 그리고 설거지에 이르기까지 풀코스로 섬긴다. 이것은 오엠 선교선의 오랜 전통인데, 우리를 섬기러 오신 주님의 정신을 본받기 위한 것이다. 크리스마스 당일에는 평소보다 정성을 더 많이 들인 아침 식사를 하고 즐거운 축제의 예배를 드린다. 그러고 나서 모든 선교사들이 배 함수에 모여 단체사진을 찍는다.

나는 아랍권에서 크리스마스를 보낼 수 있는 것에 감사했고, 또 그것이 참 의미 있는 일이라고 생각했다. 그리고 무엇보다도 잠시 동안이었지만 은혜 선교사와 다시 만날 수 있어서 너무 좋았다.

하지만 이때는 서로 공식적으로 호감을 표현할 수 없었다. 오엠의 규정상 우리에게는 이성교제가 공식적으로 허용되지 않는 시기였기 때문이다. 그래서 우리는 당시 방문 기간 동안에도 배 안팎을 다닐 때 다른 한국 선교사들과 늘 함께하는 등 최대한 규정을 지키려고 노력했다. 게다가 그때는 우리가 서로 다른 선교지에서 사역을 하고 있었기 때문에 그저 서로 좋은 마음만 가지고 있었다.

이쯤 되면 과연 선교선에서 젊은이들이 연애를 할 수 있을까라는 의문이 생길지도 모르겠다. 선교선에는 다양한 연령층의 선교사들이 있지만 대부분은 전 세계에서 온 젊은 미혼 남녀들이라 2년 동안 한 배에서 함께 생활하면서 서로 간에 호감이 생기는 것은 자연스러운 일일 것이다.

물론 고국에서는 선교사가 선교지에 나가서 어디 한눈을 팔고 연애를 하느냐고 말할 수도 있겠지만, 그렇다고 교제를 전혀 못 하게 막는 것 또한 부자연스럽게 느껴진다. 다행히 오엠은 이성교제를 금하지는 않는다. 다만 남녀 교제에 절차와 과정이 있다.

먼저 오엠 선교사가 되고서 첫 1년 동안에는 이성과 교제를 할 수 없다. 이 기다림의 미학을 배우는 기간이 지난 후에는 SP^{Special Permit}, 즉 공식적인 이성교제 허락을 신청할 수 있다. 그 신청과정 또한 만만치는 않다. 먼저 인사과장에게 알리는 것은 당연한 일이고 두 사람 모두 고국의 가족과 파송교회의 허락을 받아야 한다. 이렇게 해서 허락을 모두 받으면 단원 SP 게시판에 공식 커플로 명단이 기재되고, 또 선내에서 기혼 부부의 지도를 받을 수 있도록 멘토 커플이 지정된다. 내가 승선했던 당시에는 커플들을 위한 교육과 성경공부도 실시되었다.

그러나 은혜 선교사와 나는 배와 육지에 따로 떨어져 있었기 때문에 1년이 지나 SP를 받고서도 제대로 교제를 할 수 없었다. 동원할 수 있는 수단이라고는 이메일이나 엽서가 전부였고, 간간이 나라 사정에 따라 전화나 이동용 USB 인터넷 장치로 스카이프 영상통화를 할 수 있는 경우도 있었다. 한 가지 난감했던 점은 당시 로고스호프가 계속 아시아 쪽으로 동진을 하는 바람에 우리는 점점 시차가 벌어지고 있었다는 것이다. 그래서 배가 말레이시아쯤에 다다랐을 때는 통화를 한 번 하려면 서로 시간을 맞추기 위해 일부러 날을 잡아야만 했다.

그런 숱한 경험들을 뒤로하고 고국에 돌아온 나는 이제 은혜 선교사와 결혼을 앞두고 있다. 지금 생각해보면 그녀가 택시를 타고 레바논에 찾아온 일은 나에게 크나큰 이정표와 같은 사건이었다. 지금 이렇게 같은 시간대, 같은 나라, 같은 공간에서 만나 함께 이야기할 수 있다는 것만으로도 참으로 감사하고 행복하다.

레바논의 이방인들

12월 26일 주일, 은혜 선교사가 돌아가는 날이었다. 그러나 나는 그녀를 배웅하지 못했다. 하필이면 그날이 내가 필리핀 교회에 가서 말씀을 나누기로 미리 약속을 잡은 주일이었다. 은혜 선교사는 아무렇지도 않다는 듯 행동했지만 나는 그녀가 돌아가는 모습을 보지 못한 것이 못내 아쉬웠다.

내가 그날 필리핀 교회에 가게 된 데는 어떤 배경이 있었다. 로고스호프에서 내가 아주 친하게 지내는 사람들이 있었는데, 바로 다섯 명의 필리핀 선교사들이었다. 어릴 적에 필리핀에서 자란 덕에 필리핀 언어인 따갈로그와 필리핀 문화가 아직 내게 남아 있었기에 그들과 금세 친해질 수 있었다. 말은 그리 잘 하지 못하지만 듣는 것은 대부분 이해했기 때문에 우리는 서로 깊은 교제를 나누고 있었다. 로고스호프가 정박하는 나라에서 필리핀 사람들을 만나게 되면(어느 나라에서나 만날 수 있다), 그분들의 집을 방문하여 함께 식사를 하고 복음을 전하면서 신앙생활을 격려하는 사역을 이집트에서부터 종종 했다.

그러던 중에 레바논에서는 필리핀 대사관의 점심 초청을 받았다. 나는 필리핀 사람은 아니었지만 동료 필리핀 선교사들의 초청으로 함께 갈 수 있었다. 필리핀 대사님은 우리를 아주 친절하게 맞아주시면서, 우리 배가 하는 일이 아주 의미 있는 일이라며 좋아하셨다. 식사 도중에 대사님으로부터 레바논에 대한 여러 이야기와 함께 필리핀 노동자들이 그곳에서 어떻게 생활하고 있는지에 대해서도 듣게되었다.

당시 레바논에는 대략 5만여 명의 필리핀 사람들이 외국인 노동자로 생활하고 있었는데 이들 대부분은 여성으로 가사 도우미나 보모로 일하고 있다고 했다. 그러나 레바논에는 외국인 노동자를 보호하는 법적 장치가 없어서 임금을 못 받거나 고용주들에게 학대를 당하더라도 대처할 방법이 없다는 것이다. 그렇게 대화를 마치고 우리는 대사관 지하에 있는 숙소로 안내되었다. 거기에는 고용주로부터 부당한 대우를 받아 도망쳐온 약 50여 명의 필리핀 여성들이 모여 본국으로 돌아가기를 기다리며 생활하고 있었다.

우리는 거기서, 부푼 희망을 가지고 타국에 와서 열심히 일을 하고도 임금은 받지 못한 채 감금과 구타를 당하고, 심지어 성적으로 유린당하기까지 한 외로운 이들을 만났다. 얼마나 괴롭고 힘들었을까. 대사관으로 도망쳐와서 겨우 마음을 추스르고 있는 그들에게 무슨 말을 건넬까. 우리는 그분들의 눈물 나는 이야기를 들으며 함께 울먹였다.

　그들을 위로하면서 또 한편으로 우리 선교사들 각자가 살아온 삶을 간증했다. 사망의 음침한 골짜기에서 우리를 보호하시고 목자가 되어주신 아버지, 우리의 어려운 인생 길목 가운데 함께하시어 은혜 베풀어주신 하나님, 우리의 진정한 소망이 되시는 아버지 하나님을 간증했다.

　마침 기타를 잘 치는 선교사 데이지 누님이 자연스럽게 기타를 연주하며 찬양하는 시간을 가졌다. 그날 마지막으로 부른 필리핀 찬양에 "그럼에도 감사합니다. 감사합니다. 주님이 제 모든 것 되십니다"라는 가사가 있었는데, 찬양 도중에 여기저기서 울음이 터져 나왔다. 그들에게도 우리에게도 하나님의 위로하심이 있었다.

　그러고 나서 며칠 후에 반지 목사님이란 분을 만나게 되었다. 반지 목사님은 레바논에서 가사 도우미로 일하면서 주일에는 교회에서 같은 처지의 노동자들을 섬기는 여성 목회자이셨다. 같이 식사를 하며 교제를 하던 중 반지 목사님은 내게 본인 교회에 와서 꼭 설교를 해달라고 부탁하셨다. 처음에는 잠시 망설여졌지만 대사관에서 만난 이들을 생각하며 하나님께서 긍휼히 여기시는 통로가 되기 원하는 마음으로, 부족하지만 꼭 가겠다고 했다.

　그때 약속한 날이 12월 26일 주일이었다. 베이루트의 함라Hamra라는 지역에 있는 교회에 도착한 나는 반지 목사님과 50여 명의 필리핀 성도님들을 만나볼 수 있었다. 함께 동행한 러시아 자매인 마리아가 은혜스러운 특송을 하고 말씀을 나누는 시간이 되었다.

나는 누가복음 10장의 칠십인 파송에 관한 구절 중 "갈지어다 내가 너희를 보냄이 어린양을 이리 가운데로 보냄과 같도다"(3절)라는 본문을 중심으로 말씀을 전했다. 이 본문은 예수님이 전도대를 보내면서 그들을 향해 품으셨던 마음을 나타내주는 말씀이다. 사실 어린양이 이리 가운데로 지나간다는 것은 참으로 끔찍한 일이다. 그럼에도 주님은 우리를 세상으로 보내신다. 그 가운데 우리는 주님을 더욱 더 의지하고 깊이 만나는 것이다. 나는 성도들에게 무엇보다도 예수님께서 우리에게 어린양으로 오신 것처럼 우리도 어린양으로 이 땅에서 살아가자고 권면했다. 그리고 훗날에 큰 기쁨으로 주님과 재회하는 신자들이 되자고 힘주어 말했다. 성도들은 크게 아멘으로 화답하였다.

그런데 사실 이날 가장 은혜를 많이 받은 사람은 나였다. 예배를 마치기 직전 필리핀 교회의 전 성도들은 통성으로 본인들이 가사 도우미로 일하고 있는 가정의 주인을 위해 기도했고, 또 우리 배 선교사들을 위해 손을 얹고 기도해주었다.

> "하나님 우리가 어느 가정에서 일하든지, 배를 타고 어느 나라를 방문하든지 주님이 우리에게 어린양으로 오신 것처럼 우리도 이 땅에서 어린양으로 살겠습니다. 하나님 우리 로고스호프 선교사들과 함께해주세요."

그때 나는 그처럼 울먹이며 진심 어린 기도를 드리는 성도들 앞에서 말씀을 전한 것이 조금은 부끄럽게 느껴졌다. 말씀에 진심으로 반응하는 분들의 모습을 보며 나도 눈시울이 붉어졌다. 진정한 선교사는 세상 가운데 보냄 받은 이런 어린양들이 아닐까.

해적

우리는 레바논에서 크리스마스를 보내고 수에즈 운하를 통해 오만으로 가는 열흘간의 항해 중에 새해를 맞이했다. 2011년 새해 벽두에 한국에서 들려온 소식은 우리 해군 청해진 부대가 소말리아 해적을 소탕했다는 뉴스였다. 그때까지만 해도 나는 해적이 영화에서나 나오는 것이라고 생각했기 때문에 별다른 느낌이 없었다. 그런데 이어지는 뉴스에서 우리의 다음 행선지인 오만의 살라라^{Salalah}와 무스카트^{Muscat} 앞바다에서 해적들이 빈번하게 출몰한다는 정보를 듣게 되었다. 나는 약간의 불안한 마음은 있었지만 설마 무슨 일이 있을까 하고 금방 잊어버렸다. 이때 로고스호프는 수에즈 운하와 홍해를 빠져나와 소말리아 앞바다를 유유히 항해하던 중이었다.

그러던 어느 날,

"This is not a drill! This is not a drill!"(이것은 훈련이 아닙니다! 이것은 훈련이 아닙니다)

나는 매번 훈련 방송만 듣다가 그때 처음 실제상황 방송을 듣고서 조금 당황했었다. 방 안에 있던 알렉스, 다니엘, 그리고 나는(테치는 업무 중이었다) 계속되는 위험 안내방송 소리에 서로를 멀뚱멀뚱 바라보다가, 순간적으로 누가 먼저랄 것도 없이 후다닥 옷을 챙겨 입고 방문을 박차고 선내 집결지로 뛰어갔다.

집결지로 뛰어가면서도 사람들은, "이거 진짜야?" "진짜 해적?" 하며 놀라는 기색을 보였다. 원래 실제상황 방송이 나오면 다들 배에서 탈출하기 위해 식당 또는 예배실로 집결한 후에 각자 소속된 구명보트를 타도록 되어 있었다. 하지만 해적의 위험이 도사리고 있는 아랍반도를 출항하면서 실제상황에 관한 지침을 변경했었다. 훈련 때만 해도 설마 진짜 이곳에 모일 일이 있을까 하고 생각했었다. 그런데 그 의구심을 깨버린 날이 온 것이다! 우리가 집결한 곳은 3층 배 뒤편 호프시어터Hope Theater였다. 400여 명의 단원들을 모두 수용할 수 있는 공간이기도 하지만 무엇보다 창문이 없고 두꺼운 외벽으로 둘러쌓인 이곳이 비상시 좀 더 안전하다는 이유 때문에 이곳으로 정한 것이다.

항해 시 호프시어터는 동력 장치와 파도 소리로 매우 시끄러운 곳이다. 집결지에 모인 우리 단원들은 방송 이후 아무런 소식이 없어 그저 다들 숨을 죽이며 기다리고 있었다. 밖에서는 파도 소리 외에도 사이렌 소리 같은 굉장한 고음이 찢어질 듯이 울렸다. 아마 고주파 경고 스피커에서 나는 소리일 것이다. 그것은 이번 항해 때 새로 설치한 장비였는데, 다가오는 배에게 경보음을 울려 접근하지 못하게 하기 위한 것이었다. 함교에 갔을 때 갑판 부서 친구에게 설명을 듣기는 했지만 그것이 진짜 사용되리라고는 상상도 못했다. 나는 '이거 진짜 큰일 났구나'라는 생각에 쿵쾅거리는 심장을 부여잡고 상체를 앞뒤로 흔들며 간절히 기도하기 시작했다.

"주님, 우리 좀 살려주세요."

나만 그렇게 절박한 기도를 드린 것은 아니었다. 누가 먼저랄 것도 없이 여기저기서 기도가 터져 나왔다. 그때 마치 프로펠러 돌아가는 소리 같은 것이 작아졌다 커졌다 하면서 들려왔다. 그때는 그것이 무슨 소린지 잘 몰랐었다.

얼마가 지났을까, 말끔한 흰색 정복을 입은 선장님이 무대 앞으로 나왔다. 네덜란드 출신인 더크 선장님은 무대에 있는 마이크를 잡고 침착하게 우리를 향하여 말씀하셨다.

"자, 이제 모두 괜찮아요. 걱정하지 않아도 돼요. 하나님이 우릴 보호하셨어요."

우리 모두는 단상에 서 있는 선장님을 바라보며 조용히 귀를 기울였다. 실제상황 경보를 울리게 된 이유는, 어디서부터인지 어선으로 보이는 작은 배 한 척이 우리 로고스호프를 계속해서 쫓아왔기 때문이었다고 했다. 최초로 발견한 후로 30분이 넘게 어선은 우리를 계속해서 쫓아왔고 거리도 점점 좁혀지고 있었다고 한다. 그래서 경보를 울려 단원들을 집결시켰고, 그 뒤에 고주파 사이렌 스피커를 통해 경고했음에도 어선은 계속해서 우리를 쫓아왔다는 것이다.

당시 그 지역 해적선들은 어선으로 위장을 한 후에 다른 선박에 접근해서 약탈을 시도했는데 그들은 총기, 바주카포 등의 무기로 어렵지 않게 배를 납치했다고 한다. 로고스호프가 말로만 듣던 공포스러운 상황에 놓였던 것이다.

로고스호프는 인근 보호단체에 구원요청을 했는데, 때마침 근해에 영국 해군이 있었다고 한다. 영국 해군은 기동성을 가진 헬기를 동원하여 우리를 호위하였고 그 정체불명의 어선은 도망치고 말았다.

며칠 후 로고스호프는 오만 살라라 항에 정박을 했다. 솔직히 나는 정박을 하고 나서도 여전히 며칠 전 우리가 만났던 어선이 정말 해적이었을까 하는 의심을 가지고 있었다. 괜히 우리가 과민반응을 한 것은 아닐까 하는 생각이 들었다. 그런데 배가 항구에 정박한 후에 갑판에서 일하는 항해사 선교사님들의 말씀을 듣고서는 간담이 서늘해졌다. 항해 중에는 사람들이 걱정할까 봐 말을 안 했지만, 우리보다 하루 앞서간 화물선이 해적선에 납치당했고 또 우리보다 하루 뒤에 온 상선도 해적선에 납치당했다는 것이다.

나는 그 말을 들으면서 정말 하나님께서 로고스호프를 지켜주셨다는 생각밖에는 들지 않았다. 참으로 하나님이 우릴 보호하셨다.

우리 남편 부인 하실래요?

오만에서 서점을 개점한 날 아침이었다. 때는 1월이었다. 섭씨 40도를 웃도는 높은 온도에도 불구하고 날씨가 건조할 수 있다는 것이 신기할 따름이었다. 나는 오만 사람들은 어떻게 생겼을까 하는 궁금증을 가지고 배 입구에서 사람들을 기다리고 있었다. 오만 사람들도 방문을 많이 했지만, 재밌는 것은 방문객 중에 인도 사람이 적지 않았다는 것이다. 나중에 알게 된 사실인데, 오만의 인구가 400만 명인데 그중에 절반인 200만 명은 외국인이고, 그 외국인 중에 80퍼센트가 인도 사람이라는 것이다. 오만은 산유국 가운데 하나로 휘발유 가격이 리터당 300원밖에 안 하는 나라이긴 하지만 자원개발과 기술 부문에서는 절대적으로 외국 인력에 의존하고 있고, 특히 상술에 밝은 인도 사람들이 대부분의 회사와 은행을 소유하고 있다고 하였다. 그래도 오만 현지 사람들은 국가의 사회복지 혜택으로 아주 여유로운 삶을 누린다고 한다. 오만 사람들은 참 친절하고 호의적이었는데, 보수적인 나라 분위기 때문인지 사람들이 참 순박하다는 느낌을 받았다.

배를 방문한 오만 현지인들의 모습을 보면, 남자들은 보통 흰색 원통형 모자를 쓰고 흰색 원피스로 된 전통복장에 샌들을 신는다. 그리고 남자의 뒤를 졸졸 따라오는 검은 무리가 있는데, 이들은 앞서가는 남자의 아내들이다. 많은 여인들이 겨우 눈 하나 보일까 말까 할

로고스호프 이야기

정도로 온몸을 가리는 부르카를 입고 다녔다.

참고로 무슬림 여성들의 복장 중에서 머리카락만 가리는 것을 '히잡'이라 하고, 팔다리까지 전부 가리는 것을 '차도르'라고 한다. 전신을 다 가리고 눈만 드러내는 것을 '니캅'이라 하고, 눈까지 전부 가리는 것은 '부르카'라고 한다.

리비아와 이집트에서도 전신을 가리고 방문하는 여인들을 가끔 보기는 했지만 오만에서는 그런 복장이 유독 많았다. 그런데 이들은 남편과 동행할 때 앞서가는 것은 물론이고 옆으로 나란히 걷는 법도 없었다. 한 남자를 따르는 두세 명의(많게는 네 명까지) 여인들은 보통 남편으로부터 1미터 정도 뒤떨어져서 따라다녔다. 처음에는 그 모습이 신기해서 관심을 가지고 쳐다보았는데, 그것도 너무 자주 보다 보니까 익숙해져 버렸다.

우리는 서점에서 시간적으로 여유가 있을 때는 방문객들과 자연스럽게 이런저런 이야기를 주고받으며 친해지곤 했다. 오만의 남자들이 친절하긴 했지만 대부분은 무뚝뚝하고 부끄러움을 많이 타서 오랜 시간 이야기를 나누지는 못했다. 나는 남자였기 때문에 오만의 여성들에게 말을 걸 수가 없었지만 우리 서점의 여성 선교사들은 현지 여성들과도 잘 어울렸다. 이야기를 하다 친해져서 나중에는 집에까지 초대를 받아 저녁을 먹고 온 이들도 꽤 많았다.

하루는 같은 서점 팀에서 일하던 한국인 선교사 은정 누나가 부르카를 쓴 여러 여성에게 둘러싸여 이야기하는 것을 보았다. 그런데 그

녀가 화들짝 놀란 듯 그 자리를 피하는 게 아닌가. 얼굴이 빨개진 누나
는 당황한 기색으로 나와 동료들이 있는 쪽으로 오더니,

"어머, 어머, 어머, 오 마이 갓!"
"어, 누나 왜 그래?"
"저쪽에 저 세 사람이 다 한 남자의 부인인데, 글쎄 나한테 우리 남편 네
번째 부인 하겠느냐고 물어보는 거야."
"하하하하하. 진짜?"

은정 누나를 통해서 그 부인들의 이야기를 전해들었는데, 자랑하
기를 자기들의 남편은 엄청난 부자에다가 자상하고 아내들에게 너무
잘해준다는 것이었다. 그러면서 은정 누나가 맘에 들었는지 선심 쓰
듯이 네 번째 자리를 차지하라고 했다는 것이다. 우리는 이 황당한 사
건 이후에 '은정 누나 오만에 시집갈 뻔했다'고 놀리곤 했었다.
한편으로 오만에서 참 감사했던 것은 서점에서 아랍어 성경이 꾸
준히 팔렸다는 점이다. 하루 평균 40여 권의 성경책이 팔렸다. 인도
사람들은 아랍어를 읽지 않으니까 그 성경책을 사간 사람들은 오만
현지인들이다. 성경책 코너를 주의 깊게 살펴보면 남성들도 약간 있
었지만 주로 베일을 쓴 여인들이 많았는데, 이들이 조심스럽게 성경
책을 열어보는 장면을 하루에도 수십 번 볼 수 있었다. 그러고는 베일
사이에 성경책을 숨겨서 조심스럽게 계산대 앞에 다가와서는 계산을

마치고 다시 재빨리 성경책을 숨겨서 나가는 것도 보았다. 어떤 이들은 성경책을 살 형편이 안 되었는지 카메라로 한 장 한 장, 그렇게 몇 장씩 사진을 찍어가기도 했다.

　현실적으로는 그들에게 복음을 전하는 것이 불가능했지만 나는 그렇게 베일에 싸인 여인들이 성경을 가지고 배를 떠나는 모습에 가슴이 뭉클했다. 내가 만약 그녀들에게 자유롭게 말을 걸 수 있었다면 이렇게 말하지 않았을까?

　　"저, 우리 예수님 신부 하실래요?"

 두바이에서의 기도드라이브

'오, 여기가 그 유명한 두바이구나.' 배가 항구에 가까이 다가가면서 두바이의 화려하고 높은 건물들이 눈에 들어오기 시작했다. 로고스호프는 오만을 떠나 아랍에미리트UAE의 두바이에 도착했다. 두바이의 이른 아침, 이 지역은 비가 잘 오지 않는다고 하는데도 로고스호프가 아랍에미리트에 도착하던 날에는 장대비가 쏟아졌다. 항구에 도착한 첫날 라인업 팀과 두바이 교회연합 관계자가 모든 단원 선교사들을 모아놓고 오리엔테이션을 했다.

　　"쌀람 알레이쿰."

단상에 아랍에미리트 복장을 한 선발대 팀과 두바이 교회연합 관계자들이 함께 올라 아랍식 환영인사를 하며 우리를 반갑게 맞이해 주었다. 이어서 그들은, 중동 땅에서 비는 축복을 의미하는데 로고스호프가 아랍에미리트 땅에 하나님의 복을 전하기를 소망하며 기도했다고 말했다. 이어서 저녁 시간에는 선발대 팀이 계획한 두바이 기도걷기Prayer Walk 행사가 있었다. 그날의 기도걷기는 평소와 조금 달랐는데, 사실상 기도걷기가 아니라 기도드라이브Prayer Drive였다.

아랍에미리트가 산유국이라서 기름 값이 저렴했을 뿐만 아니라, 차 안에서 기도를 하면 사람들 눈에 띌 염려도 없었기 때문에 꽤 괜찮은 방법이었다. 그렇게 비 내리는 두바이에서 우리 로고스호프 선교사 100여 명은 두바이 교회연합 관계자들이 몰고 온 차량 30여 대에 나눠 타서 각각 두바이의 주요 장소들을 돌며, 주께서 이 두바이 땅 가운데 친히 역사해 주시길 기도했다.

나는 두 명의 독일 선교사와 함께 흰색 승용차에 배정되었다. 운전은 벤이라는 필리핀 집사님이 해주셨다. 우리는 두바이의 윤락가와 금융가를 돌며 기도했다. 우리는 벤 집사님을 통해 두바이에 관한 많은 정보를 얻을 수 있었다. 아랍에미리트는 일곱 개의 소왕국이 연합하여 형성된 연합국가로, 두바이가 그중에 한 소왕국이라고 한다. 그런데 두바이는 다른 소왕국과 달리 관광과 금융에 집중적인 투자를 해서 현재 100여 개 국가에서 온 다양한 인종의 사람들이 살고 있다고 한다. 이전 정박지였던 오만의 경우에는 인구의 50퍼센트가 인도

계 외국인이었는데, 아랍에미리트의 외국인 비율은 다른 아랍 국가에서 온 사람들을 포함하여 80퍼센트에 육박하기 때문에, 두바이에서는 오히려 현지인을 찾아보기가 어려울 정도다.

두바이는 몇 년 전 미국 발 금융위기의 영향으로 한동안 경제적으로 어려움을 겪었다. 그 때문에 많은 실직자들이 고국으로 돌아갔는데, 지금은 어느 정도 안정이 되었다고 한다. 산업안전 감독관이었던 벤 집사님도 이 때문에 아이들을 고국으로 돌려보내고 혼자서 어려운 생활을 하셔야 했다. 그러던 중에 감사하게도 직장을 옮기면서 형편이 나아져 이번 여름이면 아이들을 다시 두바이로 다시 불러올 수 있게 되었다고 한다. 그 말씀을 하실 때 집사님의 입가에 미소가 번졌다.

기도드라이브를 마치고 우리는 '두바이 복음 교회 센터'Dubai Evangelical Church Centre에 다시 모여서 함께 기도하고 예배드리는 시간을 가졌다. 우리 로고스호프 선교사들을 포함해서 예수님을 사랑하는 세계 각국의 사람들이 한데 모인 자리였다. 설교 후에는 그 자리에 모인 모든 아랍권 그리스도인들을 앞으로 초청하여 아랍권을 축복하며 뜨겁게 기도했는데, 지금까지도 아주 기억에 남는 시간이었다. 우리는 '위대하신 하나님'How great is our God이라는 찬양을 아랍어로 함께 불렀다.

"아딤 야 알라. 안타 아디무 야 알라."

각국에서 온 로고스호프 선교사들과 성도들이 아랍어로 '하나님은 위대하시다'라고 진심 어린 찬양을 올려드렸다. 우리 모두는 하나님의 은혜가 우리 마음을 풍성하게 하심을 경험했다. 그때 찬양을 부르면서 떠오르는 말씀이 있었다.

"대답하여 이르시되 내가 너희에게 말하노니 만일 이 사람들이 침묵하면 돌들이 소리 지르리라 하시니라"(눅 19:40).

우리는 그때 생소한 언어이기는 하지만 아랍어로 우리 모두의 아버지 하나님께 찬양을 드렸다. 그때의 경험을 표현하자면, 마치 오랫동안 메말랐던 땅에서 생수가 터져 나오는 듯한 감동을 받았다. 한국인인 내가 불러도 은혜가 되는데 하물며 아랍어가 모국어인 사람이 부르면 어떨까 생각해보았다. 우리 주님께서 참으로 이 아랍 땅에서 아랍어로 그분을 찬양하기를 원하시는 것을 느낄 수 있었다.

"아딤 야 알라." 그렇게 찬양 받으실 우리 주님을 소망해 본다.

로고스호프 이야기

5장
희망을 전하며

 스리랑카 방문

스리랑카의 날씨는 현지 한국인 선교사님의 표현에 따르면, '더운 계절'과 '꽤 더운 계절' 그리고 '최고로 더운 계절'로 나눌 수 있다. 그런데 우리는 바로 '최고로 더운 계절'인 3월부터 5월까지 콜롬보 항구에 머물게 되었다. 아랍권에서도 태양이 상당히 뜨겁다고 느꼈지만 이쪽 서남 아시아권 날씨도 만만치 않았다. 다른 점이 있다면 날씨가 상당히 습하면서 덥다는 것이었다. 후덥지근한 날씨 때문에 가만히 있어도 땀방울이 송골송골 맺혔다. 동시에 어릴 적에 내가 자란 필리핀 기후와 비슷해서 묘하게 친숙한 느낌이 들기도 했다.

곳곳에 보이는 불교 사원과, 삭발한 머리에 주황색 천을 걸친 승려들로 인해 스리랑카가 불교 국가라는 사실을 확실히 느낄 수 있었다. 스리랑카에서 승려는 특별한 취급을 받고 있었는데, 예를 들면 대중교통 운임을 낼 필요도 없었고 사람들이 많은 곳에서도 줄을 서서 기다릴 필요가 없었다. 또 그들은 신성하게 여겨졌기 때문에 사람들이 함부로 손을 댈 수도 없었다.

스리랑카 콜롬보 항구에서 로고스호프가 서점을 개장했을 때 많은 인파가 몰려들었는데 특히 학교들의 단체 방문이 정말 많았다. 미리 예약을 하고 방문하는 학교가 하루에 세 군데라면 예고 없이 나타나는 학교는 하루 평균 다섯 군데 정도 되었다. 여기에 방문하는 학교의 종류도 다양했다. 초, 중, 고를 망라한 국제학교, 사립학교, 국립학교, 무슬림 사립학교, 교회 주일학교, 그리고 해군사관학교까지 다양한 학교의 교복을 입은 학생들이 하루에도 수천 명씩 로고스호프에 올랐다. 시간이 갈수록 점점 더 늘어나는 학교 방문으로 초반에는 천여 명에 불과했던 하루 방문객 숫자가 한 주 뒤에는 하루 평균 만여 명으로 늘었다.

그리고 무엇보다 제일 즐거웠던 것은 우리가 아랍권을 벗어났기 때문에 전보다는 자유롭게 복음을 전할 수 있다는 점이었다. 로고스호프의 선교사들은 모처럼 배를 방문하는 방문객들과 교제를 하며 우리의 간증과 삶을 나눌 수 있었다. 또 선상에서 목사님들을 위한 세미나, 주일학교 교사들을 위한 특강, 선교 세미나 등등 스리랑카 교회를 돕기 위한 행사를 많이 가졌다.

참으로 놀랍고 감사한 일들이 '삶의 여정'Journey of Life이라는 코너에서 연일 일어났다. 서점과 카페 사이에 있는 S자 모양의 통로 양편에

현대판 탕자 이야기가 그림으로 전시되어 있었는데, 이것은 직접적인 복음을 제시하는 것이 아니라 '인생의 현명한 선택'이라는 주제를 표현한 것이다. 이곳에서 현지의 자원봉사자들은 방문객들을 서점 입구에서부터 카페까지 안내하며 그림 하나하나에 담긴 이야기를 풀어 설명하면서 최종적으로는 인생의 가장 현명한 선택이 아버지(하나님)께로 돌아가는 것이라는 사실을 보여주고자 했다.

나는 이 자리에서 하나님이 두 명의 자원봉사자를 참 멋지게 사용하시는 것을 보았다. 20대 초반의 자원봉사자 이지겔과 피터의 설명에는 흡인력이 있었고 사람들은 시간 가는 줄 모르고 그들의 말에 귀를 기울였다. 그래서 그들이 간증을 하고 영접기도로 마무리할 때면 자신도 모르게 우는 사람들이 있었다. 그들 가운데 주님을 삶의 주인으로 영접하고 현지 지역교회에 연결되어 신앙생활을 하겠다는 사람이 하루 평균 20명 가까이 되었다.

하루는 정말 재미있는 광경을 보았다. 한 승려가 주황색 천을 둘러맨 7-8세쯤 되어 보이는 귀여운 동자승 열 명을 데리고 배에 방문했다. 처음 보는 신기한 것들이 많아서인지 흥이 난 아이들은 한참 후에야 서점을 빠져나갔다. 그리고 그들은 삶의 여정 코너에서 이지겔을 만났다. 재미있는 이야기를 해주겠다는 말에 아이들은 흔쾌히 응했다. 나도 귀여운 동자승들이 신기해서 그들을 따라다녔다. 아이들은 눈을 동그랗게 뜨고 이지겔의 이야기를 들었다. 자연스럽게 이지겔의 간증이 이어졌다. 나는 아이들이 이지겔을 따라서 영접기도 하는 모습을 보았는데, 현지 언어라서 무슨 말을 하는지는 알아들을 수 없었다.

"……"

나는 할 말을 잃고 멍하니 쳐다보았다. 그런데 나만 이 광경을 멍하니 쳐다보고 있었던 것이 아니었다. 아이들을 통솔해온 승려도 이 모습을 그저 바라만 보고 있었다. 영접기도 후에 우리는 동자승들에게 만화로 된 복음 이야기 책자를 하나씩 건네주었다. 무슨 일이 있었는지 궁금했던 나는 아이들이 가자마자 얼른 이지겔에게 어찌된 영문이냐고 물었다.

그러자 이지겔이 설명했다. 스리랑카에도 인도와 마찬가지로 카스트 제도가 있는데, 법적으로는 폐지되었지만 관습적으로는 여전히 남아 있다고 한다. 이 제도에 따르면 낮은 계급에 속한 사람이 높은 계급에 속한 사람에게 공개적으로 말하는 것이 금지되어 있다. 계급의 구분은 보통 이름의 성을 통해 알 수 있는데, 그 승려는 이지겔의 명찰에 적힌 이름을 보고서 그가 자신보다 높은 계급 출신이라는 사실을 알아차린 것이다.

하나님의 방법은 참 신기하고도 놀라웠다. 우리는 그날 저녁 서점 팀에게 이 이야기를 나누고 그 동자승들뿐만 아니라 통솔해온 승려를 위해서도 기도했다. 주님께서 그들이 복음을 들을 수 있도록 우리를 사용하셨는데, 그들이 이 일을 통해 하나님을 진정으로 만날 수 있게 해달라고.

 ### 전도여행 1: 첫 드라이독

스리랑카 콜롬보에서 3주 동안의 사역을 마치고 로고스호프는 '드라이독'^{Dry Dock}에 들어갔다. 드라이독이란 선박 전문용어로서 배를 선거船渠에 올려 건조하고 수리하는 작업을 뜻한다. 항해법상 정기적으로 시행하는 점검이며, 배의 운영과 관리를 위해서도 중요한 작업이다.

로고스호프도 정기적으로 드라이독을 시행하는데, 외부에서 소수의 전문 인력을 고용하기도 하지만 대부분의 수리는 배에 승선한 선교사들의 몫이다. 특히 선장님과 엔진실 그리고 갑판부서 단원들 중심으로 작업이 진행된다. 그러면 수리기간 동안 불필요한 인원들, 나머지 비기술자들은 무엇을 할까? 이들은 내륙으로 전도여행을 떠난다.

2011년 4월 초에 시작된 드라이독은 한 달이 넘게 진행되었다. 수리를 담당한 선교사들은 환풍장치 및 냉방장치가 꺼진 상태에서 섭씨 40도가 넘는 배 안에서 하루 12시간씩 고된 노동을 했다. 동시에 스리랑카 전역으로 뿌려진(?) 전도여행팀들은 5주 동안 2주씩 55개 지역을 다니며 다양한 사역을 펼쳤다.

로고스호프에서는 전도여행팀을 그들만의 고유한 용어로 챌린지 팀^{Challenge Team}, 즉 '도전 팀'이라 부른다. 서점에서 일했던 나는 두 번의 도전여행을 다녀왔는데, 생각해보면 이 두 챌린지 팀은 정말이지 극과 극의 '비교체험'이었다. 한 팀은 지불해야 할 대가가 거의 없는 너무도 평화로운 도전이었고, 다른 한 팀은 극한의 환경과 관계 싸움이 끊임없이 주어지는 도전이었다.

첫 번째 전도여행에는 황송하게도 우리가 도와드릴 고아원의 목사님이 직접 먼 길을 운전하여 태우러 오신다는 연락이 왔다. 다른 팀들은 버스를 타거나 기차로 이동을 하였는데 말이다. 항구 게이트까지 짐들을 들고 나와서 목사님을 기다린 우리 팀은 루디(독일), 아야(일본), 안나(한국), 나탈리(영국), 그리고 나까지 5명으로 이루어져 있었다. 얼마를 기다렸을까, 회색 승합차를 우리 앞에 멈춰 세우고 미소를 머금은 채 우리더러 로고스호프 선교사들이냐고 물어보시는 분이 계셨다. 그분이 바로 아가페 어린이집의 다야 목사님이셨다.

우리는 반갑게 인사를 하고 짐을 실은 후에 고아원이 있다는 함반도타^{Hambandota}로 떠났다. 수도인 콜롬보에서 스리랑카 남부지역인 함반도타까지는 자동차로 10시간이 걸리는 아주 먼 거리였다. 그런데 우리는 그 긴 시간 동안 잔뜩 마음을 졸이면서 가야만 했다. 다야 목사님이 카레이서처럼 운전을 하셨기 때문이다. 차들이 많은 편도 1차선 도로에서 시속 90킬로미터는 기본이고 이리저리 추월까지 하셔서 도저히 졸 틈이 없었다. 그렇게 인자한 미소를 가지신 분에게 이런 터프한 면모가 있을 줄이야….

그래도 한편으로는 배만 타다가 오랜만에 운치 있는 열대 지방의 산과 골짜기를 굽이굽이 돌며 드라이브를 할 수 있어 좋았다. 나는 운전하시는 다야 목사님 옆에 앉아서 많은 이야기를 나눌 수 있었다.

목사님은 나에게 아가페 고아원을 시작한 이유를 들려주셨다. 2001년에 시작해서 고아원을 운영한 지 10년째가 되었는데, 목사님은 처음에는 고아원을 할 생각이 전혀 없었다고 한다. 처음에는 그저 일반 목회자로 불교가 강한 함반도타 지역에서 목회를 하고 계셨다. 그러던 어느 날 동네 아주머니 한 분이 목사님을 찾아왔다. 아주머니는 목사님께 부탁하기를, 본인이 현재 재혼한 상태인데 전남편과의 사이에서 태어난 아들을 더 이상 키울 수 없으니 혹시 아는 고아원이 있으면 소개시켜달라고 했다. 그 아주머니는 당시 동네에서 아이들을 거칠게 다루기로 소문난 사람이었다. 목사님은 어이가 없어서 그런 일은 못해주니까 어서 돌아가라고 했다.

그러고 며칠이 지났을까, 인근의 한 농부가 아이를 업고 황급히 목사님을 찾아와서 병원에 데려다 달라고 했다. 사정을 들어보니, 처음 보는 아이가 밭에서 농약을 먹고 자살을 시도했다는 것이다. 아이를 발견한 농부가 당시 마을에서 유일하게 자동차를 가지고 있던 목사님을 찾아와 병원에 가자고 했던 것이다.

목사님은 급히 아이를 태우고 병원에 갔다. 하지만 안타깝게도 아이의 목숨을 구하지 못했다. 목사님은 아이가 죽은 것 때문에 슬퍼하고 있었는데, 그때 마침 아이의 어머니라는 사람이 나타났다. 그 어머니가 바로 며칠 전에 자신의 아이를 맡길 고아원을 소개시켜 달라던 그 아주머니였다. 아주머니는 목사님을 보자마자 다짜고짜 "목사님 때문에 내 아들이 죽었어요"라며 분을 냈다.

이 모든 상황을 겪으면서 다야 목사님은 너무 놀라 깊은 충격에 빠졌다. 물론 아이가 죽은 것이 목사님 탓은 아니지만 그때 아주머니가 찾아왔을 때 아이를 거두었다면 소중한 생명을 살릴 수 있었을 것이라는 생각에 몇 날 며칠을 기도와 눈물로 보내셨다. 그러던 중에, "하나님, 더 이상 어린 생명들이 죽는 것을 볼 수 없습니다. 제게 다시 한 번 기회를 주신다면 그땐 절대 이런 일이 없도록 하겠습니다"라고 기도하셨다고 한다.

그런 일이 있은 지 몇 달 후에 의붓아버지로부터 성폭행을 당한 여자아이가 갈 곳이 없다는 소식을 접하게 되었다. 목사님은 사모님과 의논 끝에 큰 결심을 하고 그 아이를 입양했다. 그렇게 해서 그때부터 한두 명씩 입양을 하다 보니 어느새 아이가 120명이 되었다. 이렇게 귀한 목사님과 아이들을 우리가 섬긴다고 생각하니 가슴이 뜨거워졌다.

드디어 아가페 고아원에 도착했다. 첫날은 밤늦게 도착했기 때문에 고아원을 잠깐 둘러보고 잠을 잤다. 그리고 다음날 우리 팀은 아이들과 인사를 나누었고, 나는 팀을 대표해서 목사님을 찾아가 앞으로의 사역에 대해 상의하는 시간을 가졌다.

"목사님, 저희가 어떤 일을 도우면 될까요? 아이들 영어교육, 성경학교, 찬양 등등 최선을 다해 열심히 돕겠습니다."

"아, 아, 일단 피곤하실 테니까 쉬세요. 천천히 하세요."

　나는 의욕이 넘쳤고 목사님은 여유가 넘쳤다. 나는 팀원들에게 목사님의 말씀을 전한 후에, 일단 쉬라고 하시니까 당분간 매일 시간을 정해놓고 예배와 말씀묵상을 하자고 했다. 내 계획은 긴장을 늦추지 않고 흐트러지지 않은 모습으로 대기하다가, 목사님이 필요한 사역을 말씀하시면 곧바로 열성을 다해 사역에 임하려는 것이었다. 그런데 목사님은 며칠간 외부 업무가 있으시다면서 떠나셨고 남아 있는 사모님과 가족은 우리에게 뭐 하러 일을 하려 하느냐면서 계속 쉬라고만 하셨다.

　우리 팀의 일정은 아침에 고아원에서 주는 밥을 먹고 난 후 팀으로 모여 함께 묵상을 나누는 것으로 시작되었다. 그 후에는 점심을 먹고 오후에는 햇볕이 너무 따갑고 무더우니 낮잠을 자라고 해서 낮잠을 잤다. 그리고 저녁을 먹었다.

　음…. 그렇게 얼렁뚱땅 3일이 흘렀다.

　나는 '이게 뭐하는 거지?'라는 생각에 불안해하고 있었다. 배에서는 정말 하루하루가 바쁘고 힘든 나날이었는데, 모처럼 단단히 각오를 하고 나온 전도여행지에서 3일째 아무 일도 안 하고 놀고만 있었으니 불안한 생각이 드는 것도 당연했다. 나뿐만 아니라 팀 전체가 그런 느낌을 받는 것 같았다. 그래서 다들 뭔가 해보려고 아이들 기숙사 주변을 기웃거리거나 아이들과 게임을 하기도 했고, 원생들 중에 나이 많은 아이들이 맡아 하던 고아원 숙소 증축 공사를 돕기도 했다.

4일째 되던 날 돌아온 다야 목사님에게 나는 간청하였다.

"목사님, 저희 이제 준비됐어요. 뭐든 하게 해주세요."
"별로 할 거 없어요. 좀 더 쉬시고 그냥 아이들과 놀아주세요."
"아니, 그래도 우리는 뭔가 하고 싶은데요…."

목사님은 계속해서 괜찮다고만 하시고, 우리 팀은 뭐라도 할 수 있게 해달라고 사정을 했다. 그제야 다야 목사님은 우리에게 일거리를 주셨다. 목사님은 아이들의 방학이 이제 시작되었는데, 낮에는 너무 더우니까 서늘해지는 시간에 아이들과 함께 할 수 있는 프로그램을 진행해보라고 하셨다.

그때부터 우리는 시간을 정해서 아침에는 기숙사 증축 공사와 잡초제거 작업을 했고, 늦은 오후에는 '너는 특별하단다'라는 주제로 열흘간의 성경학교 프로그램을 열어서 날마다 영어찬양과 성경드라마, 그리고 게임들을 진행했다. 그리고 혹시나 해서 가져갔던 내 태권도복을 이용해서 엉터리 태권도 수업으로 하루를 마무리했다. 열흘이라 해봤자 하루에 2-3시간이 전부였고 나머지 시간에는 아이들의 숙소를 방문해서 놀거나 낮잠을 잤다.

로고스호프 이야기

나는 아가페 고아원에서의 이때의 여유 있는 시간들이 너무 좋았다. 2차선 도로 주변에는 나무가 울창하고 그 주위로 아담한 집이 여러 채가 있었으며, 아침이면 창가에 햇살이 내리쬐고 있었다. 그런 곳에서 우리는 수저 대신 손으로 음식을 먹는 아이들과 즐겁게 놀면서 팀원들과 함께 편안한 마음으로 이런저런 이야기를 나눌 수 있었다. 아버지가 돌아가시고 곧바로 배에 승선하여 정말 숨 가쁘게 달려왔는데, 그곳에서의 열흘은 나 자신을 돌아볼 수 있는 시간도 되었다.

지금도 그때를 회상해보면 내가 너무 한국식 단기선교의 패턴에 따라 프로그램을 진행시키려 한 것은 아니었는가라는 생각이 든다. 속으로는 그런 패턴에 대해 부정적인 견해를 가지고 있으면서도 막상 리더로 서니까 나도 모르게 사람보다는 프로그램과 성과에 민감해진 것이다.

석가모니가 생전에 스리랑카를 방문한 적이 있다는 이유로 불교에선 스리랑카가 성지순례의 대상인데, 특히 함반도타 지역은 불교색이 아주 강했다. 한번은 다야 목사님께 이런 질문을 했다.

"목사님, 이 지역 출신이시라고 했는데, 어떻게 해서 예수님을 믿게 되셨어요?"

알고보니 다야 목사님의 부모님은 두 분 다 힌두교 무당이셨다. 아이를 가져서 점을 쳤는데 아이가 집안에 큰 화를 가져올 거라는 점패가 나왔다. 그래서 목사님은 어려서부터 부모의 사랑을 받지 못하고 엄한 꾸지람만 받아왔다. 그 결과 목사님은 싸움쟁이에 툭하면 화를 낼 뿐만 아니라 이웃집 창문을 돌팔매질로 깨뜨리고 다니는 소문난 망나니였다고 한다.

그래서 부모님은 아이에게 승려 교육을 받게 하면 좀 나아질까 하고 목사님을 불교 학교에 보냈다. 그런데 목사님은 승려가 된 뒤에도 술과 마약 등 점점 더 나쁜 것들만 배워갔다. 여전히 창문에 돌팔매질을 했는데, 특히 기독교인 집에는 돌을 더 많이 던졌다고 한다.

그러던 어느 날 다야 목사님이 어떤 집에 돌을 던져 창문을 깼다. 그 경우 보통은 화를 내고 욕을 하는 것이 정상인데, 유독 그 집에 사는 목사님은 아무리 돌을 많이 던지고 욕을 해도, 심지어 침을 뱉어도 화를 내기는커녕 자신을 향해 미소를 지어주는 것이다.

그분은 그동안 다야 목사님이 만났던 사람들과는 달랐다. 그 다름 때문에 호기심을 갖게 되었고 결국 대화를 하게 되었다. 알고 보니 그 목사님도 전에는 승려였다는 것이다. 다야 목사님은 그 이유가 너무 궁금해서 왜 승려를 그만두고 목사가 되었냐고 물었다. 그 목사님은 본인이 어떻게 예수님을 만났는지를 간증했고, 예수님은 어린 다야도 아주 많이 사랑하신다는 사실을 알려주었다. 다야 목사님은 그 목사님과의 교제를 통해 예수님을 만났다. 그리고 부모에게 사랑받지 못해서 비뚤어졌던 성격이 하나님의 사랑을 체험하고 나서 180도 변하여 분노가 사라지고 온순한 아이가 되었다. 그 모습을 지켜본 다야 목사님의 부모님도 가지고 있던 모든 힌두 주술책을 불사르고 교회에 출석하게 되었다고 한다.

전도여행 2 : 트링코말리

첫 번째 전도여행을 마친 우리 로고스호프 선교사들은 수도인 콜롬보 외곽의 어느 기독교 수양관에 이틀 동안 집결했다. 다야 목사님은 거기까지 우리를 승합차로 데려다 주셨다. 우리는 목사님께 정말 감사했고 또 아쉬워서 또 만나자며 거듭 인사를 하고 헤어졌다.

다시 오랜만에 만나는 동료 선교사들과 각자 다녀온 전도여행 이야기들을 나눈 후에 우리는 각 팀별로 평가회를 하고 다시 새로운 전도여행 팀을 구성하여 사역지를 배정받았다. 다시 배로 돌아가 맡은 부서에서 일을 하게 될 선교사들도 있었고 반대로 배에서 처음으로 전도여행을 가기 위해 나온 선교사들도 있었다.

우리는 드디어 두 번째 도전을 떠났다. 첫 번째 전도여행과는 상황이 많이 달랐다. 먼저 남자들로만 팀이 구성되었다. 우리 팀은 리더인 루카스(아르헨티나)를 비롯하여 디에고(콜롬비아), 다니엘(네덜란드), 파비안(독일), 바부나(인도), 신사랑(한국), 이렇게 6명의 형제들로 구성되었다. 사역지는 트링코말리^{Trincomalee} 지역에 있는 남자 아이들을 위한 고아원으로 예정되었다.

스리랑카 동해안 쪽에 위치한 트링코말리는 2004년에 쓰나미 피해를 직접 받았던 지역이다. 우리가 도착하기 1년 전에는 큰 홍수피해가 있었고, 2년 전에는 스리랑카 내전 당시 반정부 세력의 본거지였다는 이야기를 들었다. 스리랑카에서는 싱할라^{Sinhala}와 타밀^{Tamil} 이렇게 두 가지 언어를 사용하는데, 전에 갔던 아가페 고아원과 수도 콜롬보에서는 싱할라어를 주로 사용하는 반면 트링코말리 지역은 타밀어를 주로 사용하기 때문에 인사부터 다시 배워야 했다. 그뿐 아니라 함반토타와 달리 무슬림이 강한 지역이었다. 이처럼 같은 나라이지만 조금은 분위기가 다른 트링코말리 지역에 우리 팀을 포함하여 7개 팀이 파송되었다. 안경 무료제작 사역 팀, 고아원 사역 팀, 마을전도 팀, 교회사역 팀 등으로 인원은 모두 37명이었다.

콜롬보에서 트링코말리까지는 심야기차를 타고 갔는데 12시간이 넘게 걸렸다. 기차의 상황은 매우 열악했다. 나는 역에 도착한 기차를 보고 솔직히 '이 기차가 정말 안전할까'라는 의심을 품었다. 미안한 이야기지만 그 정도로 기차의 외형은 볼품이 없었다. 에어컨 같은 것은 있지도 않았고 페인트는 다 벗겨져 있었다. 부식이 너무 심해서 녹슨 쇳덩이가 굴러가는 듯했다.

저녁 6시에 출발한 우리는 야간열차를 탔다는 사실에 들떠서 떠드는 것도 잠시, 얼마 후에는 하나둘씩 잠이 들었다. 그러다가 한밤중에, 큰 소동이 일어났다.

"끼이이이야!!!"

놀라서 잠이 깬 몇 사람은 소리를 지른 자매에게 무슨 일이냐고 물었다. 잠결에 큰 바퀴벌레가 얼굴을 지나가는 것을 감지한 자매가 기겁하고 소리를 지른 것이었다. 그러고 보니 나도 자면서 몸 여기저기가 간지러웠다. 그랬다. 열차엔 벌레가 참 많았다.

긴 밤이 지나고 이른 아침, 기차는 감사하게도 트링코말리 기차역에 도착해 있었다. 그러나 모험은 거기서 끝나지 않았다. 역 앞에는 두 사람이 로고스호프 팀들을 기다리고 있었다. 한 팀이 마중 나온 두 분 중 한 분을 따라나섰다. 그리고 다른 한 분도 안경사역 팀을 데려가기 위해 삼륜차Three wheeler(스리랑카의 대중교통 수단으로 다인승 오토바이다) 기사들과 가격 흥정을 하고 있었다.

그런데 우리 팀을 포함한 나머지 다섯 팀을 마중 나온 사람은 아무리 기다려도 보이지 않았다. 밤새 기차를 타고 와서 녹초가 된 몸으로 기차역 앞에서 마냥 기다릴 수는 없었다. 그 상황을 보고 우리가 안쓰러웠는지 안경사역 팀을 마중 나온 분이 나머지 팀들도 일단 본인을 따라오라고 했다. 그래서 우리 모두는 여러 대의 삼륜차를 타고 트링코말리 중심지에서 1시간 정도 떨어진 외곽의 작은 신학교로 향했다.

우리를 인솔해오신 분은 안경사역 팀이 일하게 될 발데이어스 신학교Baldeus Theological College의 프리야 총장님이셨다. 그 학교는 약 25명의 신학생들이 합숙하며 신학 교육을 받는 곳이었다.

신학교에 도착한 우리 팀들은 잠시 휴식을 취했다. 그리고 총장님은 우리 팀들이 사역하게 될 교회와 고아원에 연락을 해주셨다. 점심 식사 후에 4개의 팀은 사역할 곳들과 연락이 잘 되어서 떠났다.

사역지로 떠나지 못한 것은 우리 팀뿐이었다. 그런데 그날 오후 우리는 아주 당황스러운 소식을 접해야 했다. 우리 팀은 원래 남자아이들을 위한 고아원에 가는 것으로 알고 있었는데 그 고아원에 연락을 해본 결과 고아원 측에서는 우리가 오는지도 몰랐고 받아줄 공간도 없다는 것이었다.

"이제 우리 어쩌지?" 우리 팀은 다시 기차를 타고 돌아가야 할 형편이었다. 뭐 그럴 수도 있다는 생각이 들면서도, 현실적으로 여기까지 와서 그냥 돌아가기는 싫었다. 솔직히 무엇보다도 그 기차를 타고 다시 12시간을 여행한다는 것이 생각만 해도 끔찍했다. 그래서 우리 팀 리더는 신학교 총장님에게 우리 팀이 여기 남아서 학교를 도울 수 있는지를 물었다. 프리야 총장님은 지금은 신학교 방학이라 학생들도 별로 없고 특별히 도울 일도 없다고 하시며 머뭇거리시더니, 잠시 후 "뭘 할 수 있을지 봅시다"라고 하시며 머무는 것을 허락해주셨다.

하지만 신학교에 남는 것이 그렇게 힘든 일이 될 줄 그때는 미처 몰랐다. 이 신학교는 원래 방학 때 도서관 증축공사와 신학교 내 별도 학과인 건축학과 학생들을 위한 작업장 공사, 그리고 지하 물탱크 공사를 진행하기로 계획되어 있었다. 게다가 이 신학교를 후원하고 있는 스위스의 어느 기독교 단체에서는 벌써 건축기사 선교사까지 파송했고 자재와 설계도까지 준비된 상황이었다.

원래는 인부들을 고용해서 공사를 진행할 예정이었는데, 때마침 건장한 남자들이 나타나서 일을 좀 시켜달라고 한 셈이다. 그것도 인종별로 남미 사람 두 명, 유럽인 두 명, 아시아인 두 명, 이렇게 구색까지 갖춰서 말이다. 졸지에 공사현장 인부가 된 우리는 스위스에서 온 백발의 건축기사 루디 선교사님의 지도하에 도서관 건물의 기초공사를 시작했는데, 새벽 6시부터 해가 질 때까지 쉬지 않고 일을 했다. 한국에 있을 때도 몇 번 공사현장에서 노동을 해보았지만 이때처럼 험하게 해본 적은 없었다. 아무런 동력기계나 중장비의 도움 없이 곡괭이로 맨땅을 내리치고 삽으로 흙을 퍼내는가 하면 벽돌 하나하나를 직접 쌓아올리고 미장을 했다.

우리 팀은 다들 열심은 있었지만 서로 자기주장이 강했기 때문에 팀워크가 좋은 것은 아니었다. 공군 장교로 복무했던 아르헨티나 출신 리더, 인도에서 오엠 산하 학교를 운영하고 있는 형제, 판매업에 종사하던 네덜란드 형제, 공학연구소에서 일하던 독일 형제, 대형교회 담임목사의 아들인 콜롬비아 형제, 그리고 한국에서 전도사로 사역했던 나까지. 대놓고 무슨 싸움이 있던 것은 아니었지만 다양한 배경과 문화를 가진, 다들 한 성깔 하는 사람들이 스리랑카의 외딴 시골 신학교에서 막노동을 함께한다는 것은 정말 쉽지 않은 일이었다.

이런 육체노동과 기 싸움 외에도 우리를 괴롭힌 뭔가가 더 있었는데, 그것은 우리가 머물던 장소가 아주 무시무시한 곳이라는 것이다. 주변 마을들과 멀리 떨어져있던 발데이어스 신학교는 해안가 외곽에

홀로 덩그러니 위치해 있었다. 일을 마치고 샤워를 하기 위해 야외 샤워장에 들어서면 뱀과 마주치기 일쑤였고 숙소로 사용하던 신학교 강의실에는 전갈이 이따금씩 출몰했다. 밤에는 불빛을 따라 손바닥만 한 독개구리들이 몰려왔다. 야생 코끼리들이 코를 흔들고 지나가는 모습을 볼 때는 내 눈을 의심해야 했다. 어디선가 "야옹, 야옹, 야옹" 소리가 들려서 고양이가 있나 보다 했는데, 울음소리의 주인공은 공작새였다. 이곳에서 모기나 벼룩은 그저 가소로운 덤에 불과했다.

안경사역 팀은 모두 7명의 자매로 구성되었는데, 우리가 야외에서 노동을 하고 있는 동안 자매들은 신학교 실내에서 광고를 듣고 찾아오는 마을 사람들에게 무료로 안경을 맞춰주는 일을 하고 있었다. 같은 장소에서 전혀 다른 사역을 하고 있는 우리 노동 팀의 모습을 보며, 신학교를 찾아온 현지인들은 외딴 오지에서 외국 인부들이 일하는 것이 신기한지 우리를 뚫어져라 쳐다볼 때가 많았다.

그렇게 기나긴 2주가 지났다. 서로 티격태격하긴 했지만 그래도 우리 막노동 팀의 작업은 성과가 있었다. 우리는 건축학과 실습을 위한 작업장과 물탱크 건물을 완성하였고 도서관 증축 기초공사를 끝내고 왔다. 함께했던 안경사역 팀은 마을 사람 약 1200명에게 무료로 안경을 맞춰주었다.

이렇게 나는 이 두 번의 전도여행을 통해 극과 극을 체험하고 물위에 떠 있는 우리 집으로 돌아왔다. 우리 선교사들은 오랜만에 만나는 동료들과 서로 얼싸안고 기쁨을 나누었는데, 그 모습이 마치 이산가족

상봉 장면과도 같았다. 드라이독에서 나온 로고스호프는 그동안 혼신의 힘을 다해 수고한 수리 팀 선교사들 덕분에 아주 멋진 모습으로 변해 있었다.

믿음의 도시 오순절 교회

인도 코치에서의 일이다. 일주일에 한 번씩 찾아오는 이-데이E-day가 되었다. 그날은 이-데이와 주일이 겹쳤기 때문에 우리 팀은 내가 리더가 되어 교회를 방문하였다. 우리 팀에게는 선교동원에 관한 주제로 45분의 시간이 주어졌는데, 나는 그때 선교에 관한 설교를 하게 되었다. 대상은 100여 명의 청년, 대학생들이었고 대부분 영어를 알아듣기 때문에 통역은 필요 없다고 했다.

그때까지 간증은 몇 번 해보았지만 설교는 레바논 이후로 처음 하는 터라 오랜만에 설교를 한다는 생각에 무척 설레었다. 며칠 전부터 나름 열심히 준비했고, 팀원들을 미리 소집하여 진행할 프로그램을 의논하고 전날 밤까지 예행연습을 했다. 드디어 주일날, 조금 헤매기는 했지만 총 6명의 로고스호프 선교사들은 무사히 믿음의 도시 오순절 교회Faith City Pentecost Church에 도착할 수 있었다.

교회에 도착하여 담임 목사님과 이야기하던 중에 우리는 예상치 못한 이야기를 들어야 했다. 우리 팀에게 주어진 시간은 25분뿐이었고 인원은 100명이 맞긴 한데 청년들만 있는 게 아니라 절반 이상은 주일학교 아이들이라는 것이었다. 게다가 아이들은 영어를 알아듣지 못할 거라고…. "이럴 수가!"

잠깐 당황했지만 나는 대한민국 주일학교 전도사의 기질(?)을 발휘하여 눈 깜짝할 사이에 프로그램과 설교를 아이들에게 맞춰 조정하였다. 그날 방문한 선교사들을 소개하는 것으로 프로그램을 시작하여 선교 드라마 두 편을 진행하고 설교로 마무리를 했다.

선지자 요나에 대한 설교를 준비했는데, 감사하게도 아이들이 잘 알고 있는 이야기여서 전달하기가 쉬웠다. 그렇게 모든 순서를 마치고 감사하는 마음으로 자리에 앉았다. 그런데 어떤 여자 집사님이 단에 올라오시더니 이렇게 말씀하셨다.

"기도하심으로 예배를 시작하겠습니다."

이상한 일이었다. 분명히 우리 프로그램이 진행되기 전에 찬양단이 올라와서 함께 찬양도 했고 대표기도와 광고까지 다 했는데 다시 예배가 시작된다는 것이다. 한 청년이 올라와서 성경봉독을 했다. 그러고는 다른 청년이 올라와서 설교를 하였다. 그것도 영어가 아닌 현지어였다. 혹시 간증을 하는 것인가 하고 동행했던 현지 가이드 겸 통역사로 봉사하는 분에게 물었더니 설교란다.

아주 긴 설교가 끝이 나고 청년들이 모두 올라와서 특송을 했다. 그런데 또 다른 여자 집사님이 단에 올라오시더니 현지 말로 이야기

로고스호프 이야기

를 이어갔다. 옆에 있던 통역사에게 물어보니 그것도 역시 설교라고 했다.

보아하니 나는 손님으로 설교를 한 것이었고, 그 다음에는 청년, 이어서 장년이 설교를 한 것이다. 그리고 역시 예상했던 대로 마지막에는 담임 목사님이 올라오셔서 현지 말로 아주 긴 설교를 하셨다. 통역하시는 분에게 물어보니 본인도 이런 형태의 예배는 처음이라며, 이것이 인도의 일반적인 교회의 모습은 아니라고 했다.

그렇게 4시간 가까이 진속된 예배 중에 나는 네 명의 설교자 가운데 한 명에 불과했던 것이다.

사실 나는 설교자로 선다는 것에 자부심이 있었고 뭔가 우쭐해서 목에 힘이 들어갔었는데, 그날 계속되는 설교자들의 출현으로 기가 좀 죽었다. 조금은 적응하기 어려운 예배 형식이었지만, 성도님들의 예배에 대한 열정만큼은 도전이 되는 시간이었다.

기도받으러 온 가족

로고스호프 사역의 독특한 점을 꼽으라면 사람들이 '찾아온다'는 것이다. 선교사들은 일반적으로 사람들을 만나기 위해 밖으로 찾아나서야 하지만 오엠 선교선 사역은 정반대다. 사람들이 제 발로 찾아온다. 물론 이런 제한적이고 단기적인 사역은 일회성에 그칠 수도 있다. 그러나 놀라운 사실은, 선교선이 예전에 방문했던 항구를 몇 년 후에 다시 찾아가 보면 이전에 선교사들이 뿌렸던 복음의 씨앗이 자라서 맺은 열매를 어렵지 않게 발견할 수 있다는 것이다.

수년 전 오엠 선교선이 스리랑카의 항구를 방문했을 때 한 선교사가 항구 경비원에게 이별 선물로 성경책을 건네준 일이 있었다. 수년이 지나 우리 로고스호프가 다시 그 항구를 방문했는데, 그 경비원 아저씨는 낡고 해진 성경책을 가지고 배에 올라와서, 자신은 그때 받은 성경책을 읽고 예수를 믿게 되었다고 감격적인 고백을 하는 것을 보았다.

로고스호프는 2011년 7월에 다시 한 번 스리랑카로 돌아왔다. 지난 드라이독 때 거의 3개월 넘게 머물던 나라에 다시 돌아오니 이제는 편하고 익숙한 느낌이 들었다. 이때 방문했던 항구는 스리랑카의 갈레^{Galle}와 함반토타였다. 이 두 지역은 스리랑카 내에서도 불교색이 특히 강한 지역이지만 지난번 콜롬보 방문 시에 얻었던 좋은 반응과 홍보로 인해 아주 많은 사람들이 배에 방문했다. 이때 로고스호프는 또 다시 일일 방문객 수 신기록을 수립했는데, 7월 14일에 16,200여 명이 방문하면서, 이집트 포트사이드에서 세웠던 13,000여 명의 기록을 깨뜨렸다.

그리고 나는 새롭게 서점 부팀장^{Assistant Shift Leader} 직책을 맡음으로써 일하는 장소는 같았지만 책임은 더 커졌다. 로고스호프 서점에는 두 개의 교대조가 있는데 팀당 40여 명으로 편성되고, 서점 팀장^{Shift Leader}이 각각의 팀을 이끈다. 나는 갈레와 함반토타에서부터 부팀장으로서 팀장을 도와 서점 업무를 진행했는데, 방문객 수가 많은 만큼 예전에는 겪지 못했던 다양한 일들을 접하게 되었다.

스리랑카 갈레에서는 로고스호프의 서점이 방문객으로 인산인해를 이루어 정신이 없었다. 입장을 기다리는 사람들의 줄이 저 멀리 항구 대문까지 길게 늘어져 있었고, 3-4시간을 기다려야 겨우 배에 들어올 수 있었다. 사람들은 떠다니는 세계 최대의 선상 서점이 어떻게 생겼는지 궁금하기도 하고, 60여 개국에서 모인 사람들이 무슨 이유로 이처럼 전 세계의 항구를 돌아다니는지 궁금하기도 해서 그처럼 모여든 것이었다.

로고스호프의 사역은 서점 운영으로만 끝나는 것이 아니다. 목회자 세미나, 기독인 여성을 위한 세미나, 청년 선교동원 세미나, 학교 방문 등등 수많은 일들을 동시에 기획하고 진행한다. 선내 각 집회 장소에서 목사님들, 여성들, 청년들이 합심하여 기도하는 가운데 주님을 위해 삶을 드리겠노라고, 이 나라가 주님이 쓰시는 나라가 되게 해달라고 울부짖는 소리가 터져 나온다.

서점에서 일하다 보면 사람들로부터 이런저런 책이 있느냐는 문의를 종종 받는다. 한번은 청년이 찾아와서, 본인은 기독교에 관심은 많은데 내용은 잘 모르니 신앙에 대해 쉽게 설명해주는 책을 추천해달라고 했다. 그래서 기쁜 마음으로 신앙입문서를 추천해준 후에 신앙상담을 했던 기억이 있다.

한번은 승려 한 분이 찾아와서 예수영화 DVD 코너에 DVD가 다

떨어졌는데 꼭 필요하니 구해달라고 부탁하는 것이었다. 주황색 승려복을 입고 정갈하게 머리를 민 승려가 그런 부탁을 해서 잠깐 머뭇거렸지만, 얼른 재고창고에 가서 DVD를 가져왔다. 그 승려는 정말 고맙다는 말과 함께 DVD를 열 장이나 구입하셨다. 이 밖에도 셀 수 없이 많은 기독교 서적들이 수많은 사람들의 손에 들려서 로고스호프를 떠났다.

우리는 매일 서점 업무를 종료하고 흩어지기 전에 함께 모여서 기도하기를, 우리가 판매한 책들을 통해서 그들이 주님을 만나게 해달라고 간절히 구했다. 서점과 카페에서는 배를 방문한 사람들이 선교사들에게 "당신은 왜 이 배에 승선했나요?"라고 묻는 경우가 종종 있는데, 그럴 때면 선교사들은 그 기회를 놓치지 않고 자신이 어떻게 삶 가운데서 하나님의 역사하심을 경험했는지, 어떻게 로고스호프에서 일하게 되었는지를 설명하면서 자연스럽게 하나님을 소개한다.

갈레의 다음 항구인 함반도타는 외진 시골 마을이었는데 의외로 그곳에서 더 바쁜 시간을 보냈다. 함반도타에서 가장 가까운 읍내는 자동차로 30분 이상 떨어진 곳에 있었는데, 그럼에도 불구하고 연일 만여 명의 방문객들이 배에 올랐다. 그처럼 바쁜 날이면 부팀장인 내가 들고 다니는 무전기로 각 코너에 있는 팀원들로부터 지원요청이 쉴 새 없이 들어온다.

"팀장, 팀장, 여기 계산대로 와줘. 어떤 아저씨가 쓰러지셨어. 혈색이 안 좋으셔."

"사랑, 사랑, 여기 카페에서 어떤 아이가 토했어."

"팀장, 팀장, 아주머니가 딸을 잃어버리셨대."

"사랑, 사랑, 여기 안내 데스크 컴퓨터가 고장 났어."

"팀장, 나 여기 매표소인데, 화장실이 급해."

이렇게 로고스호프에서는 부둣가, 매표소, 서점, 카페 등지에서 끊임없이 다양한 일들이 동시다발적으로 일어나기 때문에 책임을 맡은 리더들은 동분서주할 수밖에 없다. 실상 로고스호프는 놀이기구만 없다뿐이지 몰려드는 인파의 수준은 휴일 놀이동산 못지않다. 여기에서 팀장과 부팀장의 역할은 안전관리 및 고객 서비스 그리고 무엇보다도 사역 전반을 책임지는 것이다.

"사랑, 사랑!" 다시 나를 부르는 무전이 왔다. 로고스호프 입구 현관 쪽이었다. 나는 황급히 현관으로 달려갔다. 환영인사와 안내를 맡은 마첸 선교사가 한쪽을 가리키며 나에게 말했다. "저 가족이 너를 필요로 한대."

나는 무슨 고객 불만이 있거나 혹은 아이를 잃어버린 것이리라 생각했다. 그래서 마음을 가다듬고 다다가서 물었다. "무엇을 도와드릴까요?"

"기도해주세요."

이렇게 말하며 부부가 내게 건넨 것은 6개월 정도 되어 보이는 갓난아기였다. 나는 영문을 몰라 "네?" 하고 되물었는데, 부부와 함께 온 몇몇 사람이 나를 둘러싸고서 "기도해주세요"라고 부탁하는 것이었다. 그들은 아기의 부모, 조부모, 그리고 삼촌과 고모들이었다.

예상치 못한 부탁에 나는 어떻게 된 일인지 물어보았다.

사정을 들어보니, 그들이 사는 마을에는 교회도 목회자도 없다고 한다. 불교가 아주 강한 지역이어서 오래전에 사역하시던 목사님이 극우파 불교 신자들이 쏜 총에 맞아죽는 일도 있었다고 한다. 그런 지역에서 유일하게 그 가족만 예수를 믿는데, 얼마 전에 아이가 태어나서 축복기도를 받으려 해도 아이에게 축복기도를 해줄 사역자를 찾을 수 없었다고 한다.

그런 가운데 함반도타에 로고스호프라는 배가 들어오는데 그 배에 400여 명의 선교사가 승선하고 있다는 말을 듣고 무작정 달려왔다는 것이다. 온 가족이 차로 몇 시간을 달려서 또 부둣가에서 서너 시간을 기다린 후에 드디어 배에 올라와서 아이를 내밀며 기도해달라고 간청한 것인데, 내가 어떻게 이런 요청을 거절할 수 있겠는가? 그런데 이 와중에도 무전기에선 "사랑, 사랑" 하고 내 이름을 부르는 소리가 들렸다.

나는 잠시 무전기를 꺼버렸다. 그러곤 아이를 받아서 품에 안았다. 나는 내가 알고 있는 모든 언어를 동원하고, 내가 알고 있는 축복에 관한 모든 단어와 개념들을 총동원해서 아기와 그 가족을 위해 진심으로 기도해주었다. 몇 분이나 지났을까, 눈을 떠보니 아기의 가족 외에도 수많은 사람들이 주위에 몰려 우리를 지켜보고 있었다. 아기의 가족은 연거푸 내게 고맙다는 인사를 했다. 나는 그 가족들의 촉촉이 젖은 눈망울과 환한 미소가 아직도 잊혀지지 않는다.

그 가족은 그 길로 집에 돌아갔다. 모처럼 먼 길을 왔으니 서점에서 책 구경도 하고 카페에서 아이스크림도 사먹을 법한데, 그들은 그저 내게 감사하다는 인사만 남기고 길을 떠났다. 그들의 뒷모습을 보면서 나는 가슴이 먹먹해졌다.

'내가 뭐라고 저 귀한 가족을 축복한 것인지… 내가 저들보다 잘난 게 뭐라고…. 나는 그저 정신없이 서점에서 일하던 젊은이일 뿐인데….'

그 순간 내가 주님의 이름으로 주님의 일을 위해 이 자리에 있을 수 있다는 것이 얼마나 감사한 일인지 깨달았고, 절로 마음이 낮아지는 것을 느꼈다. 동시에 내가 한국 교회에서 당연하게 여기고 풍족하게 누리던 많은 것들을 생각하지 않을 수 없었다. 한국에서는 언제든지 교회에 가서 기도제목을 나누거나 기도 요청을 할 수 있고, 또 원하기만 하면 대중매체를 통해 수많은 설교를 선별해서 들을 수도 있었다. 하지만 그런 상황에 대해 감사하기는커녕 다른 사람을 판단하기 일쑤였다.

그런데 교회도 목회자도 없는 벽촌에 사는 한 가족이 기도 한 번 받기 위해 하루 종일 달려와서, 새파랗게 젊은 동양인에게 기도를 받고 기뻐서 눈물을 글썽이는 모습을 보면서 나 자신이 너무 부끄러웠다.

선교를 한다는 것은 결국 내 영혼을 살리는 일이 아닐까 하는 생각을 해보았다. 우리가 하나님이 역사하시는 통로가 되고, 그 과정에서 하나님을 더 알아가는 것이 그저 감사할 따름이다.

 한계의 인도 바이삭

로고스호프는 2011년 7월 25일 스리랑카의 함반도타를 떠나 7월 28일 인도의 비사카파트남 Visakhapatnam (약칭 바이삭)에 도착할 수 있었다. 그러나 인도의 바이삭 항구는 처음부터 쉽지 않은 곳이었다. 입항 허가가 문전에서 지연되어, 항구 밖에서 닻을 내리고 하루가 지난 후에야 들어갈 수 있었다.

그렇게 해서 들어간 바이삭의 컨테이너 터미널은 첫날부터 뭔가 심상치 않았다. 지금까지도 항구마다 다른 사정으로 인해 어려운 점이 한두 가지는 있었다. 그런데 이번 항구는 도가 지나쳤다.

우선 항구 밖 게이트에 매표소를 설치하는 것을 허락하지 않았다. 사실 배에서 입장료를 받는 것은 항만청의 요구에 의해서인 경우가

로고스호프 이야기

많다. 항구라는 것이 원래 국가 보안시설 중에 하나이기 때문에 출입 인원을 철저하게 통제할 필요가 있는데, 항만청에서는 입장료를 요구함으로써 보안문제와 비용문제를 어느 정도 해결할 수 있는 것이다. 그러려면 우리 배가 가지고 있는 매표소를 설치할 수 있도록 허락해주어야 하는데 그것을 못하게 하는 것이다.

게다가 그곳은 위험 요소가 많은 컨테이너 터미널이었기 때문에 원칙적으로 항구 내에서는 차량으로 이동을 해야만 했다. 항구 입구에서 배까지 불과 1킬로미터밖에 되지 않는데도 버스를 대절하여 방문객들을 이동시켜야 했고, 야외에서도 줄을 서는 인원을 50명 이하로 엄격히 제한했다.

그래도 여기까지는 참아줄 수 있었다. 그런데 현지인들이 입장료와 책을 구입할 때 사용했던 지폐의 반 이상이 위조된 것이었다. 선교선 재정 담당자의 말을 들어보면 현지 은행에서는 지폐를 밝은 곳에 비춰서 지폐 속에 숨겨진 인물이 나타나지 않으면 받아주지 않는다고 한다. 전에 인도에 왔을 때는 이런 적이 없었다.

부득이 우리는 매표소나 계산대에서 돈을 받을 때마다 위조지폐 감별을 해야 했고 그 때문에 시간이 지체되었다. 현지인들은 그런 우리를 바라보며 인상을 찌푸렸다. 그런데도 로고스호프의 소문을 듣고 오는 사람들은 참 많았다. 아침 10시에 개장을 하면 그때부터 사람들이 막 들이닥쳤다. 학교의 단체 방문은 물론이고 교회들, 항만청 관계자 가족들이 올라왔고 심지어 배가 인도 코치Kochi에 정박했을 때 오지 못했던 수많은 목사님들과 성도님들이 배를 보기 위해 인도 전역에서 3-4일 길을 마다치 않고 찾아왔다.

로고스호프는 많은 사람들이 오고 싶어하는 장소였고 그 때문에 많은 사건들이 벌어졌다. 인도에서 공식적으로 카스트 제도는 없어졌다고 하지만 오랫동안 기득권을 누려오던 계층은 그들이 가진 연줄과 인맥을 동원해 다른 사람보다 편한 방법으로 배에 방문하려고 했다. 현지인을 최대한 존중한다는 원칙하에 그들을 대하지만, 때로는 배에 오르기 위해 오랜 시간을 기다리는 사람들을 뒤로하고 얌체 같은 행동을 하는 사람들을 보면 너무 얄미웠다.

한번은 항만청에서 꽤나 지위가 높은 분이 큰 무리의 친인척들을 대동하고서 줄을 서지 않고 입장하려는 것을 제지했다. 그러자 화가 난 그가 이리저리 연락을 하더니 해운 당국 차원에서 방문객의 출입을 완전히 차단해버렸다. 게다가 우리가 항구 밖으로 나가는 것까지 통제했다. 아주 당황스럽고 납득할 수 없는 사건이었다.

단장님과 리더들이 항만청 관계자들을 잘 설득하여 다음날 다시 사역을 재개할 수 있었다. 우리는 하나님께 감사의 박수를 올려드렸다. 하지만 막상 일선에서 다시 인도 사람들을 맞이하려니 눈앞이 캄캄했다. 이것이 문화 차이라는 것일까? 아무리 그렇다 해도 우리 사정은 전혀 봐주지 않고 자신들이 원하는 것만 요구하는 무례한 사람들이 너무 많았다. 심지어 서점이 폐점한 이후의 시간에도 항구 경비원들이 따로 돈을 받고 사람들을 항구 안으로 들여보내는 바람에 손

로고스호프 이야기

님들이 굳게 닫힌 서점 문을 두드리는 일도 있었다.

경험이 많았던 리더들도 다들 입을 모아 로고스호프가 사역을 시작한 이래 이렇게 힘들었던 항구는 없었다고 말했다. 바이삭에서의 하루하루는 참으로 인내의 한계를 시험하는 시간이었다. 그리고 사실 스리랑카에서 휴식 없이 곧바로 달려온 로고스호프 선교사들은 갈레와 함반도타 항구에서 한 달 동안 20만 명이 넘는 인파와 씨름을 했었기 때문에 이미 지칠 대로 지친 상태였다. 바이삭에서 둘째 주를 맞이하면서 우리 서점 선교사들은 몸살, 복통, 두통, 불면증 등으로 어려움을 겪기 시작했다. 육체적으로나 정신적으로나 이미 무너지기 시작했던 것이다.

바이삭에서의 둘째 주 주말쯤이었다. 아침에 일어났는데 코가 아파왔다. 그리 대수롭지 않게 여기고 그날 일을 계속했다. 이 시기에 나는 격일로 헤드캐셔Head Casher와 부팀장Assistant Shift Leader 업무를 번갈아가면서 맡았다. 그런데 코가 계속 아프고 부어오더니 오른쪽 볼까지 붓기 시작했다. 여기에 고열과 두통까지 동반되었다. 나는 그날 일을 다 마치고 나서야 선내 병원을 찾았다. 의사선생님은 코에 염증이 생겼다고만 하시고 원인은 말씀해주시지 않았다. 그리고는 주사 두 대와 알약을 처방해주시고 일하지 말라고 권고하셨다. 그 뒤로 나는 3일 동안 몸살과 코의 염증으로 앓아누워야 했다. 그렇게 누워 있은 지 4일째 되던 날, 아직 완치된 것은 아니었지만 다시 일을 시작했다.

그날은 월요일이었는데, 전날인 주일에는 항구 밖 매표소에서 아주 어려운 일이 있었다. 주말이라 아침부터 삼천여 명이 운집해 몰려와서 적은 인원으로는 도저히 통제할 수가 없었다고 한다. 질서나 줄이라는 개념은 사라지고 항구로 들어가는 버스에 서로 먼저 타겠다고 몸싸움을 했고, 막무가내로 버스에 올라타려는 사람들을 매표소 리더인 스티브라는 미국 형제가 저지하다가 뭇매를 맞는 사태까지 벌어졌다.

결국 그날은 서점을 오픈한 지 한 시간 반 만에 폭동과 통제불능으로 폐점을 결정할 수밖에 없었다. 입장을 기다리던 3천 명이 넘는 사람들은 흥분하여 항구 게이트에서 무섭게 시위를 했다고 한다.

내가 복귀한 월요일에 항만청에서는 전날의 사태를 우려해서 우리 배의 사역을 전면 중단하라고 했다. 그래서 우리 선교사들은 업무를 중단한 채 각 부서끼리 한자리에 모여 기도를 했고 배의 리더들은 항만청과 교섭을 하였다.

그렇게 그날 오전이 다 가고 오후 1시가 되어서야 서점은 다시 문을 열 수 있었다.

"서점을 다시 연다고?"

"오…."

"…"

자매 선교사들은 흐느끼기까지 했다. 기도는 했지만 막상 다시 연다니까 힘이 빠졌다. 나는 계속 아프다가 이제 좀 괜찮아졌는데, 오자마자 다시 전쟁터로 들어가는 듯해서 기도가 절로 나왔다. 서점 매니저 요한은, 그래도 이번엔 우리 서점 팀뿐만 아니라 20명의 현지 경찰과 8명의 경호업체 사람들까지 동원되니까 괜찮을 거라며 우리를 다독였다. 그리고 요한은 나에게 전날 뭇매를 맞은 스티브 형제를 대신해서 매표소 통제를 맡아달라고 부탁했다. 다른 팀장들은 각자 담당해야 할 업무가 있었기 때문에 부팀장인 내가 발탁된 것이다. 스티브 형제가 당한 일을 생각하면 솔직히 겁이 나기도 했지만 나는 마음을 굳게 먹었다.

당시 바이삭에서 매표소를 두고 우리 서점 팀 선교사들끼리 부른 별명이 있었다. '블랙홀!' 한 번 가면 빠져나오지 못하는 아주 무시무시한 곳이었기 때문이다. 나는 블랙홀에 들어가는 심정으로 단단히 각오하고, 함께 나갈 팀들과 잠깐이었지만 절박한 기도까지 하고 나갔다. 그런데 아니나 다를까 이른 아침부터 2천여 명의 인파가 한데 모여 우리가 문을 열기만을 기다리고 있었다. 우리 팀은 그 많은 군중을 헤집고 들어가 줄을 설 방향을 정하여 안내선을 친 다음에 언어가 달라 의사소통도 안 되는 사람들을 안내하기 시작했다. 이 과정에서 또 다시 소리 지르고 밀치면서 싸움이 시작되었는데, 정말 아비규환이 따로 없었다.

그러나 이번에는 현지 경찰의 도움이 있었다. 통제하는 과정에서 다소 거친 방법들을 쓰기는 했지만 그래도 어느 정도 정돈이 되었다. 나는 이날 밖으로 나가면서 조금 세게(?) 보이려고 선글라스를 꼈다. 그리고 무전기를 가지고 곳곳을 다니며 필요해 보이는 일들을 지시했다. 모든 구역이 안정을 되찾자 나는 줄을 서서 기다리는 분들에게 방문해주셔서 고맙다고 인사를 했다. 인도 사람들은 신기한 듯이 내게 말을 걸어왔고, 의사소통은 거의 되지 않았지만 서로 뭔가 통한 듯이 미소를 주고받았다.

서남 아시아권 사람들에게는 재밌는 습관이 있는데 그것은 고개를 양옆으로 갸우뚱거리며 흔드는 것이다. 스리랑카와 인도 사람들에게 무언가를 물어보면 이런 반응을 보이곤 했는데, 우리는 처음에 그것이 '아니오'라는 뜻인 줄 알았다. 그래서 물어보면 "예"라고 대답을 하는가 하면, 얼마 후에 다시 같은 동작을 하는 것을 보고 '예'라는 뜻이냐고 물어봤더니 이번에는 "아니오"라고 대답을 한다.

나중에 서점에서 20만여 명을 만나본 뒤에 내린 결론은 그 동작이 단순히 반사적으로 보이는 반응이라는 것이다. 진짜 호불호를 알려주는 포인트는 고개를 흔드는 동작이 아니라 흔들 때 보이는 얼굴 표정이다. 고개를 흔들 때 얼굴을 찡그리면 그것은 "아니오"이고, 표정이 밝으면 그것은 "예"다.

그날도 줄을 서서 기다리는 사람들은 나를 보고 고개를 흔들며 인사를 했다. 나는 오래 기다리게 해서 미안하다며 인사를 했다.

그런데 갑자기 '우르르르' 하며 사람들의 발자국 소리가 들려온

로고스호프 이야기

다. 내가 잠시 방심한 사이에 사람들이 안내선에서 뛰쳐나와 저만큼 달려가 새치기를 했다. 그것도 30여 명이 말이다. 내가 그렇게 오랜 시간 거기 서서 양해를 구했건만 이게 무슨 일인가하고 허탈해하며 그들에게 달려갔다.

조금 전까지도 나와 인사를 나누었던 사람들이라 얼굴이 낯익었다. 나는 아주 정중한 목소리로, 새치기하는 것 다 보았으니까 얼른 제자리로 돌아가라고 말했다. 그런데 나와 눈이 마주친 사람들은 아무 일도 없었다는 듯이 씨익 미소를 지으며 특유의 '고개 흔드는' 동작을 보여주었다. 나는 약간 화를 내면서 다시 한 번 돌아가라고 말했다.

"돌아가 주세요." 단호하게 타일렀는데도 약을 올리며 움직이지 않자 나는 더 화가 나서 언성을 높였다.

"돌아가라고! 돌아가! 아, 씨. 진짜 돌아가!"
"돌아가! 돌아가! 열까지 센다. 하나, 둘, 셋, 넷."
"좋아. 나 경찰 부를 거니까 각오들 해!"

나는 목청껏 소리를 질렀다. 하지만 그들은 웃으며 고개를 흔들 뿐이었다. 선교선 생활 전체를 통틀어서 그때처럼 화를 낸 적은 한 번도 없었다. 나는 너무 화가 나서 씩씩거리며 무전기로 경찰을 불렀다. 얼마 후에 경찰이 왔고 나는 경관들에게 그 사람들을 가리키며 상황을 설명했다. 경관들은 그 사람들을 거칠게 뒤로 끌고 갔다.

그런데 순간, 그렇게 화를 내고 소리 지르는 내 모습을 보면서 깜짝 놀랐다. '이게 아닌데, 내가 왜 이러지?' 나에게 이런 면이 있다는 사실이 당황스러웠고 부끄러웠다. '내가 여기서 뭐하는 거지?' 너무도 절묘하게 그 순간 내 앞에 한 인도 청년이 힘없이 서서 이런 말을 했다.

"당신들 우리를 사랑하고 섬기러 왔다고 하지 않았나요? 좋은 소식을 전한다면서요…. 그런데 이게 뭡니까?"

그 청년은 나지막한 소리로 말했지만 나는 망치로 가슴을 얻어맞은 듯이 무너지고 말았다. 그런데도 나는 그런 모습을 보이기 싫어서, 도리어 "그래서 뭐 어쩼다고?"라고 화를 내고서는 애써 태연한 척하며 자리를 피했다.

어느덧 해가 기울고 있었다. 고대했던 항구 통행 종료시간이 되어서 배로 돌아가는 길이었다. 그런데 별로 기쁘지 않았다. 몸은 지치고 마음은 더 아팠다. 돌아오는 길에 항구 경비 아저씨가 또 다시 쪽문에서 뒷돈을 받고 사람들을 들여보내는 것을 보았다. 돈을 얼마나 받았는지 양쪽 바지 주머니가 불룩 튀어나와 있었다. 나는 그것을 보고서도 이제는 화를 낼 힘이 없었다.

배에 돌아온 나는 심장을 도둑맞은 것처럼 기운이 없었고 아무것도 먹고 싶지 않았다. 나는 그길로 배 옥상으로 올라갔다. 그곳에서 나는 어두워진 항구와 마을을 바라보며 크게 한숨을 쉬었다. 그리고 눈물이 앞을 가려 혼자 조용히 흐느꼈다. 누가 내게 로고스호프에서 가장 힘들게 했던 것이 무엇이냐고 묻는다면, 나는 그것이 '나 자신'이라고 말할 것이다. 그때 나는 나도 몰랐던 나약한 모습을 내 안에서 발견하고 좌절했다.

선교사로서 배를 타고 서점에서 높은 자리를 맡은 것이 어느새 내 안에 교만과 우월감을 심어준 것이다. 정말이지 사람은 내세울 것이 없는 여건에서도 자존심 거리를 만들고 스스로 감투를 씌우는 것 같다.

"하나님, 저는 이런 놈입니다…." 나는 한참을 울고 또 울었다. 나는 그날 밤 깨어진 나를 버리지 않으시고 받아주시는 하나님을 만났다. 상한 심령의 예배를 경험했던 것이다.

"하나님께서 구하시는 제사는 상한 심령이라 하나님이여 상하고 통회하는 마음을 주께서 멸시하지 아니하시리이다"(시 51:17).

6장
희망과 성장하며

2011년 8월 말부터 12월까지 약 4개월 동안 말레이시아에서 페낭, 포트클랭, 쿠칭, 코타키나발루 등 4개 항구를 방문했다.

마음 따뜻했던 페낭

바이삭에서 극한 체험을 한 까닭에 나는 솔직히 그곳을 떠나는 날 너무 후련하고 감사했다. 그러나 우리의 어려움은 거기서 끝나지 않았다. 이번에는 음식재료가 거의 바닥난 것이다. 로고스호프는 야채, 과일 등을 제외하고는 독일 본부로부터 검증된 식재료를 컨테이너로 받아서 사용하는데 치즈나 햄은 출항하기 전부터 동이 났고 심지어 밀가루도 별로 없다는 소문이 들렸다. 하루는 피자가 나왔는데, 그 피자가 평소와는 많이 달라 보였다. 치즈는 조금 밖에 없었고 앤초비(멸치)가 더 많았다. 남은 음식재료들을 얹어서 그냥 구운 느낌이었다. 게다가 엔진실에 문제가 생기는 바람에 원래 목적지였던 태국 방콕 항의 방문이 취소되고, 그 대신 원활한 엔진 수리가 가능한 말레이시아 페낭Penang 항에 정박하였다.

이번에도 역시나 부둣가에는 페낭 교회 성도들과 라인업이 우리를 맞이하기 위해 나와 있었다. 환영 현수막들과 형형색색의 깃발들이 펄럭였고 환영단은 손을 흔들며 환한 미소로 우리를 맞이해주었다.

"봐, 봐, 동양인들이야!" 나는 환영하러 나온 중국계 말레이시아 성도들을 가리키며 옆에 있는 독일 선교사에게 말했다.

"왜, 같은 동양인들을 보니까 고향에 온 거 같아?"

"고향은 아니지만 왠지 기분이 좋아."

나는 오랜만에 많은 수의 동양인을 보니 새삼 신기하게 느껴졌다. 그래서 배가 한국에 들어가면 어떤 기분일까 하는 상상도 해보았다. 이튿날, 원래 일정보다 열흘 먼저 페낭에 온 우리는 약 4개월 동안 머물게 될 말레이시아의 실정에 맞게 서점을 새로 세팅하는 작업을 했다. 때마침 우리가 도착한 날 세 개의 책 컨테이너가 도착해서 책을 실어 날랐는데, 컨테이너에서 나온 책의 양은 엄청났다. 하루 만에 모든 팰릿(컨테이너 포장 단위. 한 팰릿에 보통 20개의 박스가 포장되어 있다)을 배로 운반했다. 땀을 흘리며 곳곳에 책들을 진열하고 책 박스를

로고스호프 이야기

나르고 열심히 일한 탓에 나는 저녁시간이 되기도 전에 배가 몹시 고팠다.

그날의 업무가 끝나고 저녁을 먹을 시간이 되었다. 아직 음식 컨테이너는 도착하지 않았기 때문에 저녁식사가 어떨지 그림이 그려졌다.

그때 갑판 부서 친구들이 통로를 지나가면서 주고받는 말을 들었는데, 항만청으로부터 우리 배 단원들의 외출 허가가 떨어졌다는 것이었다. 그 말을 듣자마자 로비에 있는 서비스 데스크로 달려갔다. 그리고 정말 외출 허가가 떨어졌는지 재차 확인했다.

"응, 허락이 떨어졌어. 나가도 돼." 상냥하게 답해준 서비스 데스크 자매에 고맙다는 말을 하고 재빨리 눈에 보이는 사람들을 모았다. 그리고 순식간에 서점에서 함께 일하는 은정 누나와 이벤트 부서의 승목이와 의기투합해서 외식을 하기로 했다. 항해 도중에는 선택의 여지가 없었지만 이제 항구에 정박했고, 또 여기는 인도보다 친숙한 동남아시아라는 것에 희망을 걸었다.

페낭은 과거 영국의 식민지였다. 식민통치 당시 영국인들은 섬에 조지타운George Town이라는 항구도시를 건설했는데, 로고스호프가 그 도시 바로 앞에 정박을 한 것이다. 조지타운은 페낭 섬의 중심도시로, 말레이시아 과거의 모습을 간직한 동시에 상업지역이 공존하는 곳이었다. 무엇보다도 맛있는 현지 음식점이 많아서 좋았다. 나중에 안 사실이지만 페낭은 말레이시아 사람들 사이에서도 맛있는 음식으로 유명하다고 한다.

여담이지만 나는 페낭의 음식점들을 경험한 이후로 웬만해서는 배에서 식사를 하지 않았다. 어느 정도였느냐 하면, 서점에서 오전 업무를 마치고 45분밖에 안 되는 점심시간을 이용해서 동료들과 얼른 뛰어나가 밥을 사먹고 돌아오는 일이 종종 있었다. 무엇보다 맘에 들었던 점은 음식 값이 싸다는 것이었다.

음식을 보면 한 나라의 문화를 알 수 있는데, 페낭의 노점상들이 한데 모인 곳에 가보면 다민족 국가답게 인도 음식과 중국음식, 그리고 동남아 음식까지 다양하게 접할 수 있다. 어떤 음식이든 한국 돈으로 2,000원 선에서 해결할 수 있었기 때문에, 한 달 용돈으로 20유로(3만 원 정도)를 받는 우리에게는 그야말로 적당한 가격이었다.

그날 저녁 우리는 밖으로 나가서 거리를 활보하면서 많은 식당들을 즐겁게 구경했다. 우리는 사람들이 북적대는 국수집으로 들어갔다. 만두가 들어간 완탄면이라는 국수를 파는 식당이었다. 우리는 국수 세 그릇을 시키고 야외 식탁에 자리를 잡고 앉았다.

그곳에서 커다란 빈 냄비를 들고 있는 중국계 아주머니 한 분을 만났는데, 이야기를 나누어보니 그분은 고등학교 선생님이시고, 퇴근길에 아이들과 함께 먹을 저녁거리를 사러 오셨다고 했다.

우리도 자기소개를 했다. 우리는 '로고스호프'라는 선교선에 승선한 자원봉사자들이며, 그 배는 세계 최대의 선상 서점을 운영하는 비영리 기관이고 어제 항구에 도착했다고 말했다.

로고스호프 이야기

"서점? 한번 가봐야겠네. 근데 자원봉사면 공짜로 일하는 거예요?"

"네, 우리가 오히려 돈을 내고 일을 해요."

"어머, 좋은 일 하는 사람들이구나. 그럼 내가 뭐라도 사줘야지."

페낭에 처음 온 것이냐고 물으셔서 그렇다고 했더니, 아주머니는 우리에게 그럼 이걸 먹어봐야 한다면서 식혜같이 달달하고 따뜻한 음료를 사주고 가셨다.

우리는 모두 너무 고마워서 여러 차례 인사를 드린 후에 음료를 마셨는데, 그 따뜻한 기운이 내 마음까지 따뜻하고 달콤하게 만들어 주는 듯했다. 물론 이전에도 교회나 단체를 방문했을 때 음료를 대접받는 일이 여러 번 있었지만 이처럼 아무런 관계도 없고 이름도 모르는 아주머니에게서 따뜻한 대접을 받고 나니 그동안 배를 방문하여 우리를 괴롭혔던 사람들의 무례함이 씻은 듯이 사라졌다.

달콤한 음료를 마시고 마음이 따뜻해진 나는 동료들을 향해 이렇게 말했다.

"오, 나 저 아줌마 때문에 은혜받았어."

"하하하하하."

200만 번째 방문객

"97…, 98…, 99…, 100!" "이번에 올라가는 가족이에요! 아빠, 엄마, 아이들 둘."

배 아래에서 안내를 담당하던 서점 팀원 중 한 명이 계수기로 숫자를 세다가 흥분하여 무전기로 전해온 말이다. 말레이시아 페낭에서 우리는 로고스호프에 오른 200만 번째 손님을 맞이하는 축하행사를 준비했다.

그런 사정을 전혀 모른 채 그 가족은 선상 서점을 방문한다는 것만으로도 즐거워서 성큼성큼 배에 오르고 있었다. 엄마와 딸이 히잡을 두른 것을 보니 무슬림 가정이 틀림없었는데, 그들은 배 입구에서 뜻하지 않은 환영을 받고 어리둥절해했다.

입구에 들어서자 카메라 플래시가 번쩍번쩍하고, 로고스호프의 마스코트인 '엘 카피타노'el Capitano 인형 탈을 쓴 사람이 바로 앞에 서서 손짓을 한다. 그뿐 아니라 배의 단장님, 선장님, 서점 매니저, 그리고 그 밖에 세계 각국에서 모인 수많은 사람들이 저마다의 전통의상을 입고 환하게 웃으면서 축하의 꽃다발을 전해주었다.

"축하합니다. 여러분이 우리 로고스호프의 200만 번째 방문객입니다."

흰색 제복과 모자를 쓴 선장님이 환하게 웃으며 악수를 건넸다. 그러자 처음에는 영문을 몰라 어리둥절해하던 가족의 입가에 미소가 번졌다. 서점에서는 소정의 상품권과 기념품을 증정하였고 다 함께 기념촬영을 하였다. 그 가족은 선장님이 직접 선상 투어 가이드를 해 주시겠다는 제안에 무척 기뻐하였다.

로고스호프는 사역을 시작한 지 3년이 조금 안 되어서 200만 번째 손님을 맞이한 것이다. 이것은 아무런 의미 없는 단순한 숫자가 아니었다. 200만이라는 숫자는 로고스호프가 북유럽에서 항해를 시작하여 카리브 해, 서아프리카, 지중해, 아랍권, 그리고 서남 아시아권을 여행하면서 만났던, 다양한 국적과 다양한 인종을 가진 '사람들'을 뜻하는 것이었다. 그리고 무엇보다 이 숫자에는 하나님의 역사하심을 통해 하나님을 만난 사람들의 '이야기'가 있다. 여기에 우리가 항구마다 협력하는 교회들과 전도여행 팀들, 그리고 이-데이E-day에 전도 팀 및 봉사 팀들이 만나는 단체와 기관의 사람들까지 더하면 200만 명이 훨씬 넘는 이들을 만난 셈이다.

물론 현실적으로는 쉬운 일이 하나도 없었다. 공동체 생활만으로도 힘든데 그것도 다른 나라 사람들과 폐쇄된 공간에서 함께 생활하고 함께 일하는 것이 항상 즐거울 수만은 없다. 게다가 방문하는 나라들에서 경험하는 다양한 상황들은 항상 우리에게 새로운 도전거리를 주었다.

그러나 우리의 작은 섬김과 몸짓으로 사람들이 하나님을 만날 수만 있다면 그것은 충분히 가치 있는 일이라고 생각한다. 그래서 이 가치 있는 사역이 앞으로 10년 후, 20년 후, 그리고 그 이후에도 얼마나 많은 영향을 미칠지 기대가 된다. 수치상의 기록이 아니라 진실한 만남을 통한 하나님의 역사 말이다.

체인지오버

로고스호프에서는 일 년에 두 번 '체인지오버'Change Over라는 기간이 있다. 매년 2월과 9월은 배에서 2년 혹은 그보다 오랜 기간 사역하다가 고국으로 돌아가는 선교사들과 뜨거운 열정을 가지고 새로이 로고스호프 사역에 뛰어드는 선교사들이 임무를 교체하는 기간이다. 군대식으로 말하면 말년 병장들은 제대를 하고 신병들은 자대배치를 받는 것이다.

내가 로고스호프에 승선한 지 6개월 후에 두바이Dubai와 아부다비Abu Dhabi에서 첫 번째 체인지오버가 있었다. 그리고 승선한 지 1년 후 말레이시아 페낭에서 두 번째 체인지오버가 이루어졌다. 이날은 로고스호프 승선 그룹인 PST 스카버러PST Scarborough와, 둘로스호의 멤버 중에 둘로스호가 은퇴한 후에 사역을 연장하여 로고스호프에 합류했던 마지막 둘로스호 단원들이 돌아가는 날이었다. 인원수도 상당히 많아 90명이 넘었다.

한국 선교사들도 이날 9명이 떠났다. 트리니다드토바고에서 승선한 PST 스카버러의 재환, 미령, 진희, 은정 누나, 혜진, 승목, 그리고 마지막 둘로스호 단원들이었던 정모 형, 바토야(몽골), 미향(중국)이 떠났다. 그리고 같은 방 짝이었던 독일인 알렉스 트랍도 1년 기간을 마치고 학업을 계속하기 위해 바이삭에서 고국으로 돌아갔다.

이별은 매번 어려웠다. 미우나 고우나 그야말로 동고동락했던 형제자매 같은 동역자들을 떠나보내는 일은 쉽지 않았다. 감정이 북받쳐 서로 부둥켜안고 우는 사람들도 있었고, 이번이 마지막 기회라 생각하고 사랑을 고백하는 사람들도 있었다. 그런데 배에서는 이렇게 떠나간 사람들과의 추억을 정리할 시간도 주어지지 않는다. 바로 다음날 새로 60여 명의 선교사들, PST 페낭이 떠들썩하게 배에 승선을 했기 때문이다.

우리는 1년 전에 우리가 성대하게 환영을 받았던 것처럼 아주 요란하고 화려하게 그들을 맞이해주었다. 나는 새로운 선교사들이 주위를 두리번거리고 헤매는 모습을 보면서 '나도 처음엔 저랬을 텐데 그동안 시간이 참 빨리 흘렀구나'라는 생각을 하며 감회에 젖었다.

새로 승선한 한국인 선교사들은 인도권에서 까무잡잡해진 기존의 한국인 선교사들과는 달리 아주 뽀얀 피부를 가지고 있었다. 우리는 새로 승선한 음파, 상우, 원희 형 이렇게 세 명의 한인 선교사들을 반갑게 맞이해주었고 환영 파티를 하였다. 그리고 인호가 나에게 해주었듯이 나도 원희 형의 빅브라더로서 선상 생활에 잘 적응하도록 도움을 주었다.

이처럼 로고스호프는 만남과 헤어짐의 장소다. 로고스호프에서 생활하다 보면 정말 끊임없이 사람들을 만나고 또 만난다. 배를 방문하는 사람들, 우리가 찾아 나서서 만나는 사람들, 그리고 배 안에서 함께 생활하는 사람들까지 정말 다양한 사람들을 만난다. 그렇게 만난 사람들과 항구를 떠나면서 헤어지고, 체인지오버 기간에 또 헤어진다.

사람들을 만나고 헤어지는 아무리 많이 반복해도 너무 힘들다. 그러나 그런 아픔들을 통해서 성숙해가는 것이 아닌가 한다. 나는 체인지오버를 겪으면서, 앞으로는 새롭게 만나는 한 사람 한 사람을 더욱 소중히 여기겠노라고 다짐을 했다. 시간과 기회가 주어졌을 때 최선을 다하자고 말이다.

시프트 리더

시프트 리더Shift Leader를 알기 쉽게 표현하면 '팀장' 쯤 되는 것 같다. 우리 팀의 팀장이었던 재환(한국), 제시카(호주) 두 사람이 체인지오버로 고국에 돌아가게 되어 부팀장이었던 나와 케이티(미국)가 뒤를 이어 자연스럽게 팀장이 되었다.

나는 사실 배에 오르기 전까지 내가 서점에서 일하게 되리라고는 상상도 하지 못했다. 그런데 벌써 1년이 넘게 책을 파는 일을 하고, 이제는 팀장 자리에 서게 되었으니 하나님의 인도하심은 정말 예측이 불가능하다.

로고스호프 서점 팀은 보통 80여 명으로 배에서 가장 인원수가 많은 부서다. 여기에는 두 개의 교대 팀이 있는데, 하나는 조이넛^{Joy Nut}, 그리고 다른 하나는 호프스타^{Hope Star}라 불린다. 이 이름들이 어떻게 생겨났는지는 잘 모르겠다. 재미있는 것은 각 팀의 구성원들이 팀 이름에 아주 잘 들어맞는다는 사실이다. 호프스타의 팀원들은 뭔가 차분하고 희망에 찬 사람들이었던 반면에 조이넛의 팀원들은 뭐가 그리 즐겁고 좋은지 다들 잘 웃고 잘 떠들었다. 특히 조이넛 팀원들은 배에서 가장 개성이 뚜렷하고 목소리가 큰 사람들이었다. 내가 조이넛 팀에 대해 이렇게 기억을 잘 하는 이유는 내가 그 팀의 팀장이었기 때문이다. 각 팀에는 두 명의 팀장이 있었기 때문에 서점 전체에는 총 네 명의 팀장이 있었다. 이외에도 책 창고^{Bookhold} 팀 5명과 사무실^{Bookfair Office} 팀 2명 그리고 서점 업무 전반을 책임지고 있는 부매니저 리따(필리핀)와 매니저 요한(네덜란드)이 있었다.

팀장이 되고 나서 새로워진 것이 있다면 책보다는 사람을 상대할 일이 더 많아졌다는 것이다. 전에 헤드캐셔와 부팀장으로 일할 때도 손님들을 많이 상대했지만 이제는 외부 손님은 물론이고 각 팀의 팀원들, 다른 부서장들, 항구 자원봉사자들, 여기에 단기 비전 팀(1-2주 일정으로 배에 오르는 단기선교 팀)들까지 합하면 동시에 관리해야 할 사람이 40명이 넘을 때도 있었다. 팀장들에게 가장 먼저 주어진 일은 체인지오버로 새롭게 승선한 선교사들과 다른 부서에서 옮겨온 사람들을 교육하는 것이었다. 전체 인원 80여 명 중에 새로 들어온 사람이 50명이나 되었기 때문에 이들을 먼저 개인적으로 알아가는 것이 나에게 주어진 과제라고 생각했다.

케이티와 나는 어떻게 하면 우리 팀원들이 서로를 잘 알아갈 수 있을까 상의하다가, 매일 업무를 시작하기 전에 각자 자신과 교회, 그리고 승선 동기를 소개하고 신앙 간증을 돌아가면서 나누는 시간을 갖자고 하였다. 우리는 서로의 이야기를 나누면서 사진이나 동영상을 보여주기도 하고 때로는 영어가 아닌 다른 언어로 함께 노래를 부르기도 했다. 그러면서 우리는 많은 사실들을 새로 알게 되었다.

비록 지금은 모두가 볼품없는 갈색 유니폼을 입고, 컨테이너가 오면 하루 종일 책 박스를 나르거나 책들을 분류하여 가격표를 붙이고 손님들이 서점 여기저기에 흩어놓은 책들을 제자리에 꽂아놓는 평범한 일들을 하고 있지만, 고국에서는 장래가 보장되는 안락한 삶을 살던 인재들이었던 것이다.

네덜란드에서 전도유망한 사업가였던 서점 매니저 요한, 필리핀을 대표하는 방송국에서 피디로 활동하던 서점 부매니저 리따, 중국 상하이에서 의과대학병원 레지던트였던 마나헨, 말레이시아 전국 마술대회에서 우승한 마술사 알렉스, 싱가포르에서 회계 관련 공무원이었던 질, 일본에서 박사학위를 받고 곤충과 환경 관련 연구원으로 지낸 인도네시아의 크리스, 독일 초등학교 선생님이었던 아그네스, 레바논에서 경영학을 전공한 대학생 다니엘, 나미비아에서 청소년 사역자로 일했던 작, 스위스 전기회사에서 기술자로 일했던 다나엘, 이밖에도 간호사, 그래픽디자이너, 연주가, 은행원 등등 다양한 분야의 전문 직업인들이 한데 모여 서점에서 일한다는 사실이 묘한 감동을 주었다.

그런데 또한 이들 중에는 직업과 국적을 떠나 어두운 과거와 상처를 가지고 있는 이들이 적지 않았다. 우리는 서로 이야기를 나누는 가운데 인생의 방황, 학교 중퇴, 낙제, 이혼 가정, 남편의 폭력, 고아 출신, 조직폭력, 도박, 알코올, 마약, 우울증, 자살기도 등등 많은 약함들을 고백했다. 하지만 거기서 그치지 않고 그런 어려움 중에 만난 주님을 간증하는 시간을 가졌다. 그런 놀라운 은혜를 체험한 사람들을 하나님이 로고스호프로 불러주셔서 이렇게 함께 일하고 있다는 것을 생각하니 한 사람 한 사람이 새롭게 보였다. 그래서 그들이 지각하고 꾀병을 부리고 요령을 피우고 몰래 식당에서 놀고 있어도 어느 정도는 그들을 참아줄 수 있었다.

나는 서점에서 팀장으로 일하면서 하나님이 많은 이들을 성장시키시고 주님의 성품으로 빚어가시는 것을 목격했다. 그뿐 아니라 질그릇 같은 우리를 들어 하나님의 멋진 통로로 사용하시는 많은 사건들을 경험했다. 하루 업무를 마치고 한데 모여 하루를 돌아보는 시간이 되면 우리의 부족함과 말썽에도 불구하고 하나님이 우리를 온전히 사용하신 다양한 이야기들을 들을 수 있다. 마치 외국어를 통역하는 사람이 그 메시지의 의미를 가장 먼저 이해하는 것처럼 하나님의 통로로 사용되는 우리는 하나님의 일하심을 가장 먼저 경험할 수 있었다. 하나님은 우리를 얻으시고 우리를 통해 더 많은 사람들을 얻으신다.

테치 형

　　같은 방 동료인 일본인 테치(원래 이름은 테수지다)는 승선한 지 1년 후에 부서를 서점 팀으로 옮겨서 나와 함께 일하게 되었다. 테치 형은 특유의 쾌활함과 엉뚱함으로 사람들을 재미있게 해주었고, 사진 촬영과 일식 요리에도 일가견이 있었기 때문에 팀 파티를 할 때면 여러모로 도움이 되었다. 그런데 테치 형이 언제부턴가 방에서 색종이로 토끼, 학, 거북이, 개구리, 물고기, 독수리 등을 접는 것을 보았다. 얼마나 열심히 접었는지 나중에는 방에서 색종이로 만든 동물들의 전시회를 열 정도였다.

　"테치, 취미가 하나 생겼네."
　"응, 이거 카페 어린이 코너에서 아이들에게 접어주면 정말 좋아하거든. 그러면 아이들이나 부모님들과 자연스럽게 이야기할 수 있어."

　　해맑은 테치 형은 한동안 서점에서의 업무시간 외에는 카페의 아이들 코너에서 색종이로 만든 것들을 방문객들에게 나눠주곤 했다. 그러던 중 테치 형은 좀 더 다양한 종류의 작품을 사람들에게 나눠주고 싶은 마음에 고국 일본의 파송교회에 최신 종이접기 책자와 색종이를 보내달라고 요청했다. 모든 소포는 컨테이너를 통해서 받아보기 때문에 고국에서 보낸 테치 형의 소포는 3개월이 지난 10월이 되어서야 도착했다. 드디어 책을 받아본 테치 형은 신이 나서 다양한 모양들을 접고 또 접었다. 천사, 코끼리, 펭귄 등 더 정교해진 모양들이 레퍼토리에 추가되었다.

하루는 테치 형이 평소처럼 사람들에게 종이접기 작품들을 만들어서 나눠주고 있었는데, 한 여성이 일본어로 된 테치 형의 최신 종이접기 책자를 좀 보여줄 수 있느냐고 물었다. 테치 형은, 보여주는 것은 어렵지 않은데 일본어로 된 책이라 이해할 수 없을 거라고 대답했다. 그러자 그 여성은 본인이 일본 사람이니 괜찮다고 하는 것이었다. 테치 형은 놀라면서 그렇게 안 보인다고 하며 조심스럽게 일본어로 말을 걸었다. 타국에서 만난 동포가 너무 반가웠던 테치 형은 그 여성과 이야기를 계속하였고, 그날 이후로 그녀는 며칠을 그렇게 우리 배에 찾아와 배에 있던 다른 일본인 선교사들과도 교제를 하였다.

그 여성의 이름은 아야였는데, 몇 년째 말레이시아에서 직장 생활을 하고 있으며 종교에는 전혀 관심이 없는 사람이었다. 그녀는 일본에서 삶의 의미와 진리가 무엇인지 갈급해하며 방황하고 헤매다 우연한 기회에 말레이시아까지 와서 살게 되었다고 한다. 아야는 어째서 400명이 넘는 멀쩡한 사람들이 한 배에 모여 돈도 안 받고 일을 하고 있는지 궁금해했다. 하루는 테치 형이 아야에게 배 안을 구경시켜주면서 선교선 사역에 대해 설명하고 있었다. 테치 형은 아야가 궁금해하는 것을 눈치채고 먼저 이야기를 꺼냈다. 우리가 왜 이런 생활을 하는지 설명하기 전에 먼저 자신의 이야기를 해야 한다면서 자신이 어떻게 예수를 믿게 되었는지를 아야에게 들려줬다.

테치 형은 일본 자위대에서 근무하다가 제대 후에는 유명 대기업에서 9년 동안 일을 했다. 그러던 중 삶에 대한 회의를 느끼고 일을 그만두었다. 그 후에는 사진을 찍으러 다니거나 요리를 배워서 식당에서 일하기도 했다. 그럼에도 삶의 의미를 찾지 못하자 우울증이 찾아왔다. 무의미한 삶을 끝내려고 자살도 생각해보았지만 그럴 용기가 없었다. 머리를 깎고 절에 들어가 스님이 될까 하는 생각도 해보았다. 그런데 스님이 되기 위해서는 많은 돈을 내야 한다는 사실을 알고는 마음을 접었다. 마지막으로 찾아간 곳이 동네 교회였다. 결국 그 교회에서 파송을 받아 로고스호프로 오게 되었던 것이다. 테치 형은 아야에게 말했다. "나는 그 교회에서 삶의 의미와 진리를 찾았어요. 예수님을 만났어요."

그 이야기를 듣던 아야의 눈가에 눈물이 촉촉하게 고였다. 그래서 테치 형은 왜 우느냐고 물었다. 그때 아야가 대답했다.

"잘은 모르겠지만 아마 당신이 믿는 하나님 때문인 것 같아요."

아야는 그렇게 하염없이 울었다.

M과 아이들

내가 팀장을 하면서 만났던 정말 잊지 못할 말썽꾸러기들
이 있다. 솔직히 말해 9월에 승선한 선교사들은 대체로 산만하고 개
성이 아주 강했기 때문에 그들 때문에 골머리를 앓았던 날들이 꽤 있
었는데, 거기에다가 한 달 후에는 내 골치를 더 아프게 해준 사람들이
등장했다. 그것은 바로 스텝STEP이라 하여 로고스호프에 3개월 기한
으로 승선한 단기선교사들이었다. 물론 모두가 말썽꾸러기였던 것은
아니고 그들 중에는 착실한 사람들도 있었다. 하지만 미꾸라지 한 마
리가 강물을 흐린다고 했던가. 정말 대단한 존재감으로 등장한 사람
들이 있었다. 나는 이분들을 'M과 아이들'이라 불렀다.

먼저 M이라는 청년에 대해 설명을 해야 할 것 같다. M은 아르메
니아인으로 약간 다부진 체격에 아주 자신감이 넘치는 20대 초반의
형제였다. M이 서점에 배정을 받고 처음 왔을 때 나는 그에게 서점
입구에서 사람들을 환영하는 일을 맡겼다. 그런데 지켜보던 모든 선
교사들을 화들짝 놀라게 만드는 사건이 있었다.

> "안녕하세요. 저는 M입니다. 예루살렘에서 왔지요. 저는 거듭난 크리스천
> 인데 혹시 예수님을 믿으시나요? 안 믿으시면 제가 설명을 해드릴게요."

M이 입구에서 만난 첫 번째 가족을 환영하며 건넨 말이다. 그런

데 그 가족은 한눈에 봐도 무슬림이었다. 말레이시아 사람들 중에서도 말레이 계통으로, 전 가족이 전형적인 무슬림 복장에 여자아이까지 히잡을 쓰고 있었다. 우리는 순간 모두 얼어붙었다. '어떡하지?'

말레이시아는 중국계, 인도계, 말레이계의 세 인종이 공존하는 국가로, 공식적으로는 무슬림 국가였다. 따라서 인도계나 중국계 사람들이 믿는 다른 종교는 인정해주지만 말레이계 사람에게 타 종교의 포교 활동을 하는 것은 불법이고 또 말레이 사람이 개종하는 것도 불법이었다. 배에서는 사전에 이런 사항들을 교육했고, 물론 3개월 단기선교사들도 교육을 받았다. 그런데 M은 우리 배에서 말레이 사람에게 공공연하게 포교 활동을 한 것이다. 자칫하면 그 사건으로 배가 말레이시아에서 추방당할 수도 있는 상황이었다.

그런데 다행히도 그 가족이 영어를 못 했는지 M의 말을 알아듣지 못했다. 우리는 모두 안도의 한숨을 크게 내쉬었다. 복음을 전하는 말을 알아듣지 못했다는 사실에 감사했다는 것이 참 모순적인 일이긴 하지만 말이다. 그러고는 서점 매니저 요한이 M을 데리고 어디론가 가서 한참 이야기를 한 후에 돌아왔다. M의 사건은 배의 인사과와 리더들에게도 보고가 되었고 계속 이런 식으로 행동하면 귀가 조치를 하겠다고 경고했다. 그러나 M은 아랑곳하지 않고 씩 웃으며 계속 껄렁껄렁한 모습으로 돌아다녔다. 그 후에도 M은 우리 몰래 유독 무슬림 복장을 한 사람들만 보면 자신이 '예루살렘'에서 왔다고 소개했다. 그러면서 상대방의 의사는 전혀 물어보지 않고 자기 이야기를 늘어놓기 일쑤였다.

M의 이런 태도는 배 안의 다른 선교사들과 이야기할 때도 변하지 않았다. M이 예루살렘에서 왔다는 말은 사실이었다. 실제로 그 인근에 살았었다. 그의 간증을 들어보면 아주 방탕한 삶을 살다가 몇 년 전에 예수님을 만나고 아주 혁신적인 변화를 하게 되었다고 한다. 그래서 자신이 체험하고 만난 하나님이 최고니까 모두 자신의 신앙을 따라야 한다는 식이었다. 그런데 더 기가 막힌 것은, 그런 그가 업무 시간에 제때에 나타난 적이 한 번도 없고 업무 파악은커녕 서점에서 맡겨진 일을 하는 것에 대해 전혀 관심이 없었다는 것이다. 그러면서 주장하기를, 본인은 자원봉사자로 온 것이니까 자신이 원하는 사역만 하겠다는 것이었다.

'M과 아이들'에서 '아이들'의 역할을 담당한 이들이 있었는데, 말레이시아 출신의 E와 레바논에서 온 L이었다. 그들은 M처럼 열정적으로(?) 복음을 전하지는 않았다. 다만 그저 놀이동산에 놀러온 악동들처럼 행동했다. 한마디로 나는 자원봉사자니까 최대한 많은 것을 경험하고 내가 원하는 시간에 봉사하겠다는 식이었다. 그들 역시 업무 시간에 지각하는 것은 기본이었고 일을 맡기면 어디론가 사라져서 내가 찾으러 다녀야 할 때가 한두 번이 아니었다. 그저 파티를 즐기기 위해서 배에 놀러온 젊은이들에 불과했다. 사실 그들 외에도 내 머리카락이 빠지는 데 기여를 했던 사람들이 많이 있었는데, 그중에서도 'M과 아이들'의 성적이 아주 월등했기 때문에, 나는 그들을 대한

민국 군대에 꼭 한 번 입대시켜주고 싶었다.

한번은 비가 내리는 코타키나발루Kota Kinabalu에서 M이 또 문제의 포교 활동을 했다는 제보가 들어왔다. 그날만 해도 벌써 몇 차례나 M을 타일렀기 때문에 화가 머리끝까지 난 채로 부둣가에 갔다. 우산을 쓰고 있던 M은 웃으며 나를 맞아주었다. 우산을 가져가지 않은 나는 M과 한 우산을 쓰고 한참을 타일러 보기도 하고 설득도 해보았지만 전혀 말이 안 통했다. 점차 바람이 세게 불고 빗줄기가 굵어지는 바람에 우산이 망가진 상태에서 우리 둘은 비를 쫄딱 맞으며 서로에게 화도 내고 또 타협점을 찾기 위해 서로 달래기도 했다.

"M, 너에게 그렇게 열심히 전도를 하려는 마음이 있으면 서점에서 일할 때만이라도 하나님께 하듯이 열심히 일을 하면 안 되겠니?"
"일? 나는 복음을 전하는 선교사로 왔어. 솔직히 지금 이렇게 일하고 있는 것도 맘에 안 들어."
"복음은 우리도 다 너처럼 전할 수 있어. 나도 전하고 싶어서 온 것이고. 그런데 지금 이 나라의 상황상 그렇게 하는 것이 지혜로운 방법이 아니잖아! 그래서 지금 우리가 할 수 있는 것은 우리의 섬김으로 복음을 보여주는 거야!"

그날은 다행히 많은 비로 인해 방문객이 없어서 그 넓은 부둣가에 우리 둘이서만 비를 맞으며 그렇게 1시간을 이야기할 수 있었다. 별

효과는 없었지만 그래도 나는 M과 대화하는 것을 포기하지 않았다.

물론 '아이들'도 포기하지 않고 꾸준히 챙겼다. 동료 팀장이었던 케이티는 성격이 워낙 착했고 또 부팀장이었던 아그네스 역시 아주 부드러운 성격을 가지고 있었다. 어쩔 수 없이 팀 내에서 무서운 역할은 내가 도맡아서 해야만 했다. 군대 교관 흉내를 내서 그들의 일거수 일투족을 예의주시하며 지적했다. 내가 이처럼 혼을 내면 아그네스와 케이티가 옆에서 말렸다. 나는 상황에 따라 연장업무로 벌을 주기도 하고 때로는 다 함께 잔치를 벌이며 아이들을 다루었다.

시간이 흐르면서 M과 아이들에게 조금씩 변화가 나타나기 시작했다. 모임 시간이 시작되기 전에 와서 기다리는 일도 있었고, 주어진 일을 부지런히 마치고 나에게 찾아와서 더 할 일이 없느냐고 묻기도 했다. M은 중국계 말레이시아 교회에 가서 복음을 마음껏 전하는 것으로 만족을 했다.

어느덧 3개월이 흘러 로고스호프는 말레이시아의 4개 항구를 다 돌고 싱가포르에 정박했다. 이제 'M과 아이들'과도 헤어질 날이 되었다. 우리는 그동안 쌓인 애증의 시간들을 뒤로하고 작별인사를 하였다. 하이라이트는 역시 'M과 아이들'이었는데, 그들은 그렇게 혼나고 지적을 당했으면서도 뭐가 그리 좋았는지 연거푸 나에게 고맙다는 말을 했고, 나를 통해 정말 많은 것을 배웠다며 진심 어린 인사를 했다. (악역을 맡았던 나에게는 말로만 고맙다고 했던 반면에 천사 같은 아그네스와 케이티에게는 기념선물도 주고 갔다!) 그렇게 돌아가는 그들을 보며, 처음 승선했던 때와는 다르게 뭔가 듬직하다는 느낌이 들어 가슴이 뿌듯했다. 전도의 열정이 넘치는 M이 차라리 필리핀에서 승선했으면 더 좋았을 텐데 하는 생각도 해보았다.

정말 재미있는 일은 M이 고국에 돌아가 자신의 가장 친한 친구에게 로고스호프를 강력 추천하여 결국 그 친구가 이듬해에 배에 오르게 되었다는 것이다. 사실 우리는 'M의 베스트프렌드'라는 말에 그가 오기도 전에 노심초사 했었다. 그런데 그 친구가 바로 나와 같은 방짝이 되어 함께 생활한 토니다. 토니는 M이 내 이야기를 많이 했다며 무척 반가워했다.

아이나이트

12월 16일에는 싱가포르에 도착해서 그야말로 정신없이 사역과 행사들을 진행했다. 로고스호프가 싱가포르에 정박했던 부두는 내가 승선한 이후로 지금까지 방문했던 가장 독특한 부두 중 하나였다. 일반적인 항구가 아니라 '비보시티'Vivo City라는 대형 백화점 바로 뒤편에 정박을 한 것이다.

그뿐 아니라 부두에서 1킬로미터 남짓한 거리에 싱가포르 최대의 놀이동산인 '센토사'Sentosa가 자리하고 있었다. 한국에 비유하자면 코엑스몰과 에버랜드를 동시에 끼고 있었다고 보면 될 것이다. 그런 자리에 배가 정박해 있었으니 잘 모르는 사람들은 로고스호프가 놀이동산의 일부이거나 쇼핑몰의 크리스마스 특별 행사장인 것으로 착각하기도 했다. 그런 분위기 덕분에 어떤 사람들은 무슨 줄인지도 모르고 덩달아서 줄을 섰다가 배에 오르기도 했다. 오엠 선교선은 지난 40년간 꾸준히 싱가포르를 방문했었고, 이번 방문은 무려 36번째였다. 따라서 초창기 로고스호와 둘로스호를 기억하는 많은 사람들이 연일 찾아와서 하루 평균 5,000여 명의 방문객을 기록했다.

로고스호프는 도착하자마자 다음날부터 이틀 동안 국제친선의 밤International Night을 비보시티 옥상 야외무대에서 가졌다. 줄여서 '아이나이트'I-night라 부르는 이 행사는 1980년대 한국 교회에서 인기를 끌었던 '문학의 밤'과 비슷한 이벤트다. 로고스호프가 사람들의 관심을 끌기 위해 활용할 수 있는 특징 중 하나인 '60여 개 이상의 다국적 문화'가 바로 이 '아이나이트'에서 유감없이 발휘된다. '아이나이트'는 대규모 공연이라서 공연할 팀들도 많이 필요하지만, 거기에다가 대형무대와 음향시설을 설치할 만한 충분한 공간이 있어야 하기 때문에 방문하는 모든 항구마다 이 공연을 열 수는 없었다. 하지만 한 번 공연이 열리면 그 파급효과가 상당하기 때문에 그 어떤 이벤트보다 비중 있게 다뤄진다.

우선 선상에서 선원들 간의 교제와 취미생활을 위해 모이는 '패션그룹'Passion Group에 대해 설명할 필요가 있다. 이것은 중고등학교, 대학교의 클럽이나 동아리와 비슷한 것인데, 20가지가 넘는 모임이 운영되고 있으며 그 종류도 무척 다양하다. 아프리카어로 찬양을 하는 성가대, 워십 밴드, 각 나라의 전통적인 춤을 공연하는 그룹들 예를 들어 멕시칸 댄스, 스윙댄스, 하카(뉴질랜드 원주민 마오리족의 전통춤), 스코틀랜드 전통춤, 티니클링(필리핀 전통춤), 훌라 댄스, 그리고 우리의 부채춤도 있다.

또한 여러 종류의 북과 타악기를 연주하는 퍼커션, 마임 드라마, 피에로, 수화, 미술, 클래식 음악 등 자신의 재능을 살리는 모임들도 있다. 각 모임에 가입하는 것은 별로 어렵지 않지만, 정규 연습시간 외에도 개인 시간을 많이 투자해서 공연에 대비해야 하기 때문에 무엇보다도 자발적인 의지가 중요하다. 물론 이 많은 팀들이 모두 '아이나이트' 무대에 오르는 것은 아니다. 방문한 나라의 문화적인 성향에 적합하면서도 사람들이 관심을 가질 만한 춤이나 음악 위주로 진행하는 것이 일반적이다. 예를 들어 남녀가 서로 뒤엉켜 춤을 추는 스윙댄스나 꽤 타이트한 의상을 입어야 하는 훌라춤 등은 보수적인 문화를 가진 아랍권에서는 적절하지 않다.

한국 자매 선교사 중에는 부채춤 공연을 위한 인원이 더 필요하게 되어서 팀에 가입한 경우도 있었다. 예전에는 한국 자매들로만 팀이 구성되었다고 하는데, 다른 나라 자매들이 뜨거운 관심을 보여서 나중에는 브라질, 싱가포르, 홍콩, 네덜란드, 파라과이, 러시아 등 정말 다양한 국적의 멤버들이 참여하기에 이르렀다. 우선 우리의 전통의상 '한복'의 아름다움은 세계 모든 나라 여자들의 이목을 끌기에 충분했고, 급기야는 단순히 한복을 입어보고 싶어서 가입하는 외국인 친구

로고스호프 이야기

들도 생겨났다.

실제로 부채들을 모아서 꽃을 만들고 움직이는 파도를 보여주면 남녀노소 할 것 없이 떡 벌어진 입을 다물지 못한 채 박수를 보내며 양손의 엄지를 치켜든다. 우리의 문화가 이렇게 사랑받는 것을 보면 없던 애국심까지 절로 생기면서 어깨를 으쓱하게 된다. 또한 다른 문화의 멋있고 재미있는 춤과 노래를 보면 하나님께서 만드신 '다양성'이 얼마나 아름다운지 새삼 느끼게 된다.

다양한 공연 중에 청중들의 호응을 잘 이끌어내고 또 그만큼 인기가 있어서 모든 무대의 마지막을 장식하곤 했던 것이 바로 '아프리칸 콰이어'African Choir였다. 아프리카 부족의 언어로 부르는 찬양에 간단한 율동과 춤을 가미했는데, 꽤 단순한 공연인데도 "*Jehovah Thel'umoya*"(제호바 뗄루모야; 하나님, 당신의 힘을 주세요) 등의 따라하기 쉬운 가사와 반복되는 후렴구 그리고 무엇보다 아프리카인 특유의 흥겨움이 보는 이들의 어깨를 절로 들썩이게 하고, 결국은 모든 사람들이 함께 일어나 노래하며 춤을 추게 만든다.

세계 각국에서 모인 생김새가 다른 사람들이 자신들의 언어가 아닌 말로 하나님을 찬양하면서 하나가 되는 모습을 보는 것은 정말 짜릿하고도 흥분되는 일이다.

'아이나이트'의 모든 순서가 끝이 나면 공연에 참가했던 단원들은 무대 아래로 내려와 현지 사람들과 인사를 나누고 함께 사진도 찍으며 교제를 한다. 각 나라의 전통의상을 입은 사람들은 언제나 폭발적인 인기를 누리는데, 특히 우리의 한복을 입은 자매들은 아름답다는 찬사를 한 몸에 받으며 마치 연예인들이 포토 존에 선 것 마냥 플래시 세례를 받기 일쑤다. 의상에 대한 관심은 문화에 대한 관심으로 이어지는 경우가 많다.

"의상이 정말 아름다워요!"
"감사합니다. 이것은 '한복'이라는 대한민국의 전통의상이에요."
"아, 한국 사람이시군요! 저 한국 드라마와 대중가요 무척 좋아해요! 멋진 풍경이 많은 나라인 것 같아요. 언젠가 꼭 가보고 싶어요."

이런 이야기로 시작해서 조금 더 개인적인 질문이나 이야기들을 나누고, 경우에 따라서는 복음을 전할 수 있는 귀한 기회가 만들어지기도 한다.

그러나 사실 나는 서점 팀장이 된 이후로 한 번도 '아이나이트'에 참석할 기회가 없었다. 공연이 진행되는 동안에도 서점은 돌아가야 하기 때문에 나는 후방을 책임지고 최소한의 인원으로 서점을 꾸려갔다. 나뿐만 아니라 엔진실과 갑판 그리고 식당 등에서 고되게 일을 하는 사람들도 다 마찬가지였다. 비록 참석은 못한다 할지라도 모두 한마음으로 행사를 위해 기도했고, 그렇게 각자의 자리에서 최선을 다하는 가운데 합력하여 선을 이루는 것이 하나님의 사역이라고 생각했다. 보내는 사람이 있기에 보냄을 받는 사람도 있는 것이고, 뒤에서 준비하는 이들이 있기에 앞에서 선보이는 자들도 있는 것이다. 각자가 처한 자리에서 최선을 다해 하나님께 영광을 돌릴 수 있으면 그것으로 충분하다.

각자에게 주어진 사명은 적은 것이지만 이 작은 조각들이 모여서 하나님의 원대한 계획을 이루어간다. 그렇기 때문에 선교는 이벤트라기보다는 교회의 연합이며 삶의 형태라 할 수 있다.

7장
희망을 확인하고: 필리핀 그리고 수빅

 어릴 적 향수

"Welcome, Logos Hopers!"(로고스호프 여러분 환영합니다!)

배가 항구에 계류하려면 아직 한참 멀었는데, 저 멀리 부둣가에서는 마이크를 잡은 한 여성의 목소리가 스피커를 통해 쩌렁쩌렁 울려 나온다. 이어서 신 나는 댄스 음악이 흘러나오며 분위기를 띄우는가 싶더니 얼마 후에는 뒤쪽 천막에서 번쩍거리는 화려한 의상을 입은 소년들이 나와서 군무를 추기 시작한다. 배 난간에서 그 모습을 지켜보던 우리는 지금까지 항구에서 이렇게까지 환영을 받아본 적이 있었던가 생각하며 즐거워하였다.

무대 뒤 천막 안에서는 각기 다른 의상을 입은 여러 팀들이 공연 순서를 기다리며 준비하는 모습이 보였다. 전통의상을 입고 춤을 추는 팀, 악기를 연주하는 팀, 무언극 뮤직 드라마를 선보이는 팀 등, 1월임에도 불구하고 상당히 뜨거웠던 태양 아래서 모두 신나게 공연을 펼쳤다. 아마도 어느 교회의 학생부 친구들이 나와서 펼친 무대였던 것 같다.

친절하고 낙천적일 뿐 아니라 삶을 즐길 줄 아는 흥겨운 사람들, 바로 동남아시아의 라티노Latino들이다. 다른 선교사들은 그날의 환영 행사가 신기하고 새로웠을지 모르지만 나는 그 정겨운 모습을 보면서 옛날 추억에 빠졌다.

세부Cebu라는 도시를 방문한 것은 처음이었지만, 필리핀에서 현지인들과 함께 초등학교에 다녔던 나에게 그 모습은 어릴 적 학교에서 구경했던 축제와 너무나 흡사했다. 어린 시절 필리핀에서 약 6년의 시간을 보내고, 이제 17년 만에 다시 방문한 열대의 나라는 낯설면서도 정감 있었고, 어색하면서도 익숙했다.

어릴 적 선교사인 아버지를 따라왔던 필리핀은 아주 낯선 나라였다. 출국 전에 어머니가 어린 우리 형제를 두고 하신 말씀을 아직도 생생히 기억한다.

"사랑아, 우리는 이제 하나님을 위해 죽으러 가는 거야."

평소에 참 부드러운 분이셨던 어머니가 이렇게 말씀하신 것은 당시 해외 선교에 대해 무지했기 때문이기도 하지만, 그만큼 부모님의 각오가 비장하고 뜨거웠기 때문이기도 했다. 당시 8살이었던 나는 그 말을 듣고 약간 숙연해지기는 했지만 솔직히 어머니가 무슨 뜻으로 하시는 말씀인지 이해하지 못했다.

"형, 우리 죽어?" 동생이 묻는 말에 나는 아무 대답도 하지 못하고 그냥 고개만 끄덕였던 것으로 기억한다.

그런데 막상 죽으러 선교지에 도착해보니 현지의 상황은 우리가 상상했던 것과는 조금 달랐다. 우리는 우선 하나님을 위해 '사는' 법을 배워야 했다. 특히 어린아이였던 우리 형제에게는 타국에서의 문화적 충격과 언어 스트레스라는 기본적인 숙제가 있었고, 한국에서 이미 치렀던 홍역, 볼거리, 풍토병들에 차례로 시달려야 했으며, 당시의 정치적 상황도 우리를 불안하게 했다. 게다가 그 시기에 홍수, 지진, 화산 폭발 등의 자연재해까지 발생해서 우리가 하나님을 위해 살아가는 데 장애물이 되었다.

그런데 아버지는 어린 내 눈에는 조금 당황스러운 면이 있었다. 홍수가 나면 홍수 피해지역에 찾아가시고, 지진이 일어날 때에도 그 한가운데 계셨다. 또 마지막으로 화산이 터졌을 때는 화산 밑에 살던 산악부족들을 만나러 다니셨다. 그 부족 사람들은 벌거벗고 살아가는 사람들이었는데, 나중에는 우리 가족 전체가 그 산악부족들을 만나기 위해 주일마다 새벽 일찍 일어나야 했고, 급기야 그 부족들이 재정착한 마을 인근으로 이사를 했다.

정부가 그 산악부족들을 위해 지정해준 재정착촌 역시 산악지역이었다. 그래서 나는 주일이면 아버지를 따라 툭하면 시동이 꺼지는 불안한 자동차를 타고 여행을 하거나, 경우에 따라서는 화산폭발로 생긴 큰 호수를 배로 건너 몇 시간의 산행을 하기도 했다.

사실 요즘은 필리핀으로 선교를 나간다는 것이 그리 대수롭지 않은 일로 생각될 수도 있다. 그러나 우리에게는 그 세월을 살아낸 우리만의 이야기가 있다. 하나님을 위해 살고자 헌신했던 부모님의 몸부림이 있었다.

나는 로고스호프가 필리핀 첫 항구에 입항하던 순간 지난날의 추억과 아련함으로 만감이 교차했다. 그리고 나지막하게 혼잣말을 했다.

"죽지 않고 또 왔네."

희망의 시작 _이원희 선교사

(한국에서 필리핀의 세부Cebu는 유명한 관광지로 알려져 있다. 세부는 정말 아름다운 곳이다. 화려한 리조트와 호텔이 세부 곳곳에 자리 잡고 있으며, 여행을 즐기는 사람들은 세부 또는 인근의 보라카이Boracay를 낙원과 같은 곳으로 기억할지도 모른다. 하지만 리조트 문밖의 현실은 전혀 다르다. 이어지는 이야기는 이원희 선교사의 체험담이다.)

어느 날 로고스호프의 항해사로 온 재미교포 필립이 나를 찾아와서 물었다.

"원희 형, 저랑 프로젝트 하나 하실래요?"

"무슨 프로젝트인데?"

"목요기도회 Prayer Night 때 사용할 영상을 만드는데 같이 해주실 수 있으세요?"

나도 전부터 이런 것을 기획해서 만들어보고 싶었던 차라 흔쾌히 승낙했다. 배 사역을 하다 보면 부서에 따라서 현지인들을 많이 만나지 못하는 경우도 있다. 내 부서인 팬트리 Pantry 는 주로 주방에서 일하기 때문에 현지 사역의 실제적인 부분들에 대해 더 알고 싶은 갈증에 항상 목말라했다. 우리는 영상을 만들기 위해 세부 현지인들의 거주지를 방문하기로 했는데, 관광객들의 꾸며낸 모습이 아닌 현지인들의 진짜 삶의 모습을 볼 수 있다는 생각에 가슴이 설렜다.

필립과 나 그리고 통역을 위한 현지 자원봉사자로 이루어진 '세부 조사 팀'은 거리로 나섰다. 거리의 사람들을 만나 그들이 무엇을 필요로 하는지 물어보고, 그들의 대답을 배 안의 다른 사역자들과 공유한 후에 함께 기도하는 것을 목표로 삼았다.

우리는 사람들을 만나기 위해 도심 곳곳을 돌아다녔다. 그런데 우리의 예상과는 달리 세부에서 거리의 사람들을 만나는 것은 쉽지가 않았다. 길을 가다가 아빠와 아들이 나란히 걷는 모습을 보았는데 그들은 갑자기 어디론가 뛰기 시작했다. 그들이 달려간 곳은 쓰레기장이었다. 곧 그들은 그곳에서 누군가 먹다 버린 포도껍질을 먹기 시작했다. '아니, 이런 일이 내 눈 앞에서 진짜 일어나다니….'

사실 이런 광경을 텔레비전에서는 자주 봐왔었다. 아니 그보다 더한 것들도 많이 봤었다. 하지만 그런 모습을 이처럼 눈앞에서 현실로 접하기는 처음이었고, 그것은 말로 표현하기 힘든 충격을 주었다.

우리 조사 팀은 새로운 관점을 가지고 다시 조사를 시작했다. 거리의 사람들을 만나기 위해 며칠간의 시간을 보냈고, 그 결과 많은 사람을 만날 수 있었다.

스물세 살인 리니는 한 살 어린 아내 크리스티와 두 살 정도 된 아기 쉴린, 그리고 태어난 지 20일 정도 된 갓난아기 잔리뇨와 함께 거리에서 살고 있었다. 아이들은 거리에서 태어나 거리에서 자라고 있었다. 아이들의 안전과 건강을 위한 최소한의 배려도 주어지지 않은 채 그냥 그렇게 살고 있었다.

우리는 부부에게 이런 질문을 던졌다. "만약 하나님께 필요한 것을 말할 수 있는 기회가 당신에게 주어진다면, 당신은 무엇을 달라고 구하시겠습니까?"

"우리는 하루하루 먹을 충분한 음식이 필요합니다. 그리고 아이들을 학교에 보내고 싶습니다."

그들이 하나님께 바라는 것은 아주 작고 소박한 기도제목들이었다. 우리가 당연한 것이라고 생각하며 누려왔던 것들이 이들에게는 정말 간절한 소원이고 꿈이라는 사실에 나는 큰 충격을받았다. '우리가 아무렇지 않게 누리는 것들이 누군가에겐 꿈일수 있구나. 우리가 불평하고 만족하지 못했던 삶이 누군가에겐상상조차 하지 못할 행복일 수 있겠구나.'

거리에서 구걸을 하는 제이슨과 잔마크와 알린이라는 아이들도 마찬가지였다. 알린은 겨우 세 살, 잔마크는 여덟 살, 제이슨은열두 살이었다. 아이들은 거리를 지나가는 사람들에게 구걸을 하여서 그 돈으로 하루하루를 살아가고 있었다. "이렇게 구걸을 해서 돈은 버니?" 아이들은 "예"라고 대답했다.

우리 팀은 다시 질문을 했다.

"그럼 하루에 얼마나 버니?"
"어떤 때는 1페소(우리 돈 24원), 많을 때는 5페소를 벌 때도 있어요."
"그럼 그 돈으로 너희는 무엇을 하니?"
"그 돈으로 음식을 사요."

그저 뛰어놀기 바빠야 할 나이에 아이들은 매일같이 먹을 것에 대해서 고민해야만 한다. 하루를 살기 위해서 어린 나이에도오직 돈만을 생각하고 돈에 대해서만 말하면서 살아가는 것이다.

아이들에게 다시 물었다. "그러면 너희는 앞으로 무엇이 되고 싶니?"

잔마크와 알린은 경찰관 아니면 군인이 되고 싶다고 대답했다. 그들에게도 꿈이 있었지만 그들은 그 꿈을 위해서 어떻게 해야 하는지 알지 못했고, 설령 안다 해도 할 수 있는 것이 없었다. 우리는 그런 아이들을 위해 진정한 소망이 되시는 하나님을 소개했다. 그리고 아이들의 미래와 희망을 위해 함께 기도했다. 우리는 아무것도 할 수 없지만 하나님은 그들의 아픔을 어루만지시고 희망을 이루어주실 수 있음을 알기에, 하나님께서 이 가정과 아이들 위에 역사하시길 기도했다.

며칠 후에 다시 그들을 찾아갔다. 아이들에게 옷가지와 기저귀 그리고 약간의 음식을 전해주었다. 우리는 그들을 배에 초청하여 함께 식사를 나누고 배 구경을 시켜주었다. 로고스호프의 내부에는 곳곳마다 배 사역의 핵심가치인 지식Knowledge, 도움Help, 희망Hope에 관한 사진들이 붙어 있다.

희망에 관한 사진들을 소개하고 있을 때였다. 방문자 중 한 명인 아티지나가 갑자기 울기 시작했다. 당황스러웠지만 영어를 모르는 아티지나와 직접 대화를 할 수 없었다. 하지만 그들의 반응과 몸짓을 통해서 그들의 마음에 어떤 변화가 일어나고 있음을 느낄 수 었었다. 자원봉사자에게 왜 아티지나가 우냐고 물었다. 자원봉사자가 통역해준 그녀의 대답은 이런 것이었다.

로고스호프 이야기

"우리는 친구도 없습니다. 돈도 없습니다. 우리에겐 집도 없고, 부모님도 없고, 먹을 음식 또한 없습니다. 그래서 우리는 희망을 잃었습니다. 그런데 로고스호프가 이곳에 왔습니다. 그리고 여러분을 통해 하나님만이 우리에게 희망을 주실 수 있음을 전해 들었습니다. 저는 여러분이 어째서 이곳에 왔고, 어째서 희망을 이야기하는지 생각해 보았습니다. 그리고 희망은 예수님을 통하여 받는다는 사실과 예수님 자신이 희망이라는 사실을 알게 되었습니다."

내가 이들에게 한 것이라고는 약간의 음식을 전해준 것과 예수님에 대해 소개한 것밖에 없었다. 하지만 그것은 주님이 그들의 마음을 만지시고 그들에게 희망을 주시는 것을 목격할 수 있었던 참 귀한 시간이었다. 그들과 헤어진 후에 자원봉사자를 통해서 예전에 둘로스호가 세부에 왔을 때 있었던 일을 전해 듣게 되었다.

"둘로스호가 세부에 왔을 때 항구 근처에 살던 거리의 아이들을 위한 사역들을 진행했습니다. 그리고 시간은 빨리 흘러갔고, 둘로스호는 다른 항구로 떠나갔어요. 하지만 둘로스호가 행했던 사역들은 이곳의 오엠 세부 지부를 통해서 지속되었지요. 둘로스호 사역을 통해 만났던 거리의 아이들 중 많은 수가 오엠 세부를 통해 공부를 할 수 있게 되었고, 그 아이들은 다시 거리의 아이들을 위한 사역을 시작하게 되었습니다. 그저 거리에서 놀거나 지나가는 사람들에게 구걸하는 것이 전부였던 아이들이 변하여서 하나님의 사역에 동참하는 모습을 볼 수 있었던 것은 저희에게 정말 큰 축복이었습니다.

돌로스호가 그들에게 해준 것은 단순한 선교사역 프로그램의 일부로 그치지 않았습니다. 그들은 아이들에게 희망을 주고 미래를 꿈꿀 수 있게 해주었던 것입니다. 돌로스호와 오엠 세부는 아이들을 돕고, 기도하고, 하나님에 대해 소개함으로써 아이들에게 희망의 메시지를 전했습니다. 이제는 돌로스호의 사역을 이어받은 로고스호프를 통해서도 우리가 만난 아이들에게 하나님의 사랑이, 그리고 그분의 희망이 전해지길 간절히 바라고 기도합니다."

많은 사역자들이 선교선 사역에 대해 회의감을 가질 때가 있다. 배 사역이 현지인들에게 얼마만큼의 도움이 되는지 와 닿지 않을 때도 많다. 사람이 하는 모든 일은 불완전하다. 하지만 아프고 부족한 것을 본 사람들이 하나님의 마음을 가지고 새롭게 일어나는 것을 보게 된다. 선교는 각자가 따로 하는 것이 아니라, 전체를 주관하시는 하나님 안에서 함께하는 것이다.

무엇보다 소중한 것은 대부분의 사역자가 이러한 경험들을 가지고 다시금 자신들의 자리로 돌아간다는 것이다. 그리고 평생에 걸쳐서 중요한 숙제처럼 이 문제를 풀기 위해서 고민한다. 세상에서는 부족이 결핍을 낳지만, 하나님 나라에서는 새로운 꿈을

로고스호프 이야기

탄생시킨다. 하지만 시간이 필요하다. 어쩌면 이런 고민은 젊은 그리스도인들이 겪는 일종의 성장통일지도 모른다. 고민이 없으면 성장도 없다.

 코골이들의 합창

    2012년 2월 세부, 또 한 번의 체인지오버가 진행되어서 PST 세부 그룹이 승선했다. 이쯤 되면 시간이 참 빨리 간다는 생각을 하게 된다. 정들었던 사람들이 떠난다는 사실에 마음도 허전하다. 이때 한국인 선교사로는 인호와 은석 그리고 안나가 떠났다. 동시에 멋진 친구가 승선을 했는데 바로 박도성 선교사 부부였다. 도성이는 어릴 적 부모님과 함께 로고스2호를 탔었고, 그 후 청년이 되어서는 혼자서 로고스2호에 승선하여 사역을 했다. 도성이는 그때 배에서 만난 말린(남아공)과 결혼하여, 이번에는 부부가 함께 로고스호프에 승선을 하게 되었다.

    로고스호프에 새로운 선교사들이 승선하면서 내 방짝들이 한꺼번에 다 바뀌었다. 나이가 좀 있었던 테치 형(일본)은 2인실로 옮겨갔고, 다니엘(싱가포르)은 이례적으로 승선 중에 이탈리아에 있는 오엠 예술학교OM Arts School에 가게 되었으며, 인도에서 떠난 알렉스(독일) 대신 들어왔던 저스틴(미국)은 지병 치료를 위해 몇 개월 동안 고국을 방문하게 되었다. 덕분에 나는 며칠 동안 혼자서 4인실을 사용해야 했다.

방을 혼자서 독차지하는 것이 한편으로는 좋기도 했지만 시간이 지나면서 과연 어떤 방짝들을 만나게 될까 하는 궁금증이 더 커졌다.

그러던 중에 새로 훈련 받고 있는 세부 PST 선교사들 중에 M 형제의 절친한 친구가 있다는 소문이 돌았다. 작년 말레이시아에서 강렬한 인상을 남겼던 M의 친구라는 말에, M을 아는 사람들은 은근히 걱정을 하였다. 그런데 이게 무슨 조화인지, 그 M의 친구인 팔레스타인 출신 토니와 남아공에서 온 자니가 내 새로운 방짝이란다. 예술학교에 간 다니엘이 돌아오려면 아직 멀었기 때문에 그렇게 우리 3명의 방 생활이 시작되었다.

사실 지금까지 친하게 지내던 친구들과 헤어지고 새로운 사람들과 다시 적응해가며 같은 방을 사용해야 한다는 것이 마냥 즐겁지는 않았다. 거기에다 두 사람 모두 한 덩치 했는데, 특히 토니는 거구에다 몸무게도 무척 많이 나갔다. 안 그래도 비좁은 공간에 세 자리 숫자의 몸무게라니…!

그런데 여기에 마지막 결정적인 한 방이 더 있었다. 밤이 되자 코골이가 시작된 것이다. 두 사람이 연합하여 내는 그 환상의 하모니에 빈틈이라고는 전혀 찾아볼 수 없었고, 그 소리는 밤새도록 아주 신실하게 이어졌다. 거기다가 소리는 또 얼마나 큰지 귀마개를 해도 소용이 없었다.

어떻게 사람이 저렇게까지 큰 소리로 코를 골 수 있을까 싶을 정도로 시끄러워서 도저히 잠을 잘 수가 없다. 견디다 못해 지쳐 쓰러

로고스호프 이야기

져 겨우 잠이 들면 새벽 5시경에 두 사람의 휴대폰 알람이 울리기 시작한다. 아침 일찍 일어나서 묵상을 하겠다는 굳은 의지를 가지고 두 사람이 알람 설정을 해놓은 것이다. 일반적으로 선교사들은 고국에서 가져온 휴대폰을 mp3 플레이어나 알람용으로 사용한다. 그런데 이 친구들의 최신 휴대폰은 얼마나 성능이 좋은지 알람 소리가 아주 크고 확실하게 울렸다. 그러고도 정작 알람을 설정해놓은 주인들은 절대 일어나지를 않는다.

'아, 이 무슨 M의 역습인가!'

고문 중에 잠을 못 자게 하는 고문이 있다고 하던데, 내 새로운 방짝들은 그 분야에서 최고의 권위자들이었다. 나는 바로 다음 날 두 사람을 앉혀놓고 지난밤의 잊지 못할 경험담을 진지하게 들려주었다. 두 사람은 군말 없이 바로 미안하다며 사과를 했다. 의외로 순진하고 착한 친구들이었다. 그러나 이들의 코골이는 자신들의 의도와는 달리 그 후로도 계속되었다.

괴로운 밤은 계속되었다. 일은 일대로 고된데 밤에 잠도 설치니 짜증이 안 날 수 없었다. 그 일로 언성도 높여보았고 수많은 묘수를 시도해보았지만 소용이 없었다. 그렇게 숱한 밤을 보내던 어느 날 신기한 일이 있어났다. 코 고는 소리가 더 이상 귀에 거슬리지 않았다. 내가 코골이에 적응을 해버린 것이다. 그 당시에는 그것이 정말 큰 은

총이고 은혜였다. 그런데 한편으로는 내 자신이 무섭기도 했다. 그래서 그것은 조금은 무서운 은혜였다.

낯선 사람들이 함께 산다는 것은 항상 어려운 일이다. 코를 고는 것, 냄새 날 정도로 안 씻는 것, 소리나 빛에 지나치게 민감한 것, 또 별의별 습관과 문화, 그리고 성격 차이로 충돌할 때가 많다. 서로 잘해보려는 의지를 가진 사람들은 그나마 괜찮다. 그런데 현실적으로는 그렇지 않은 사례들이 더 많았다.

교회에서나 사회에서나 사람들은 배려, 공감, 소통, 협력, 연합과 같은 단어들을 좋아한다. 하지만 이런 추상적인 개념들을 현실 세계에서 조금이라도 이루어간다는 것은 쉬운 일이 아니다. 주님을 위해 헌신하겠다고 자원해서 나선 선교사라는 사람들도 마찬가지다. 오히려 세상 사람들보다 더 격렬하게 다투고 서로 미워하는 모습을 보면 한심하다는 생각이 드는데, 나 자신도 예외는 아니었다. 그럴 때 선교사라는 이름이 그런 문제들을 해결해주지는 않았다. 특히 배에서는 더 그랬던 것 같다.

사람들이 우리 배의 겉모습을 보고서, 또는 다른 사람들의 말만 듣고서 감명을 받는 일은 절대 없다. 오히려 우리가 묵묵히 우리에게 주어진 일에 충실하게 임하는 모습을 지켜보면서 하나님을 만나고 은혜를 받을 때가 많다.

(무슬림 국가인 M국에서 사역하던 동기 자매 이자영 선교사는 그녀가 속한 사역 팀이 종교경찰의 급습을 당하는 일을 겪었다. 팀원 중 일부는 종교경찰과 자동차 추격전을 벌이기도 했다. 결국 지역 종교 대표인 술탄의 성명과 증거불충분으로 팀원들이 석방되는 것으로 마무리되기는 했지만, 이미 그 팀은 비밀경찰들의 감시 대상이 되었기 때문에 고통과 불안 속에서 지낼 수밖에 없었다. 이런 상황에 한국 자매들은 그곳을 벗어나 새로운 사역들을 시작하게 되었다. 하지만 갑작스러운 사건들로 인해 몸담았던 사역지를 떠나 새로운 곳에서 일해야 한다는 것은 결코 쉽게 받아들일 수 있는 상황이 아니다.)

"하나님 저는 솔직히 배 사역에 별 관심이 없어요."

솔직히 말해서 나는 로고스호프와 같은 배 사역을 '선교 초짜'들이 훈련받고 시야를 넓히는 '초보 선교사 트레이닝 코스' 정도로 오해하고 있었다. "왜 하필 제가 가야 하지요? 제가 배에 대해서 어떻게 생각하는지 아시잖아요?"

그때 하나님께서 내 마음 가운데 말씀하셨다.

"내가 너를 위해서 준비해둔 것이 있단다. 그게 뭔지 궁금하지 않니? 나를 따라오면 내가 보여줄게."

"좋아요. 하나님 저 솔직히 내키지는 않지만 하나님께서 그렇게 말씀하시니까 기대하는 마음을 가지고 가겠습니다."

로고스호프에서 내가 맡은 부서는 구호사역부^{Help Ministry}였다. 보통은 의료 관련 사역과 안경보급 사역을 하지만 그중에서도 나는 날로 확산되는 HIV/AIDS를 교회 리더들에게 알리는 세미나를 맡았다. 현재 3천5백만 명이 HIV 보균자이고, 하루에도 보잉 747 여객기 14대 분량의 환자들이 사망한다. 게다가 발병률은 점점 높아지고 있는 실정이다. 우리가 맡은 일은 이러한 상황 속에서 현지 교회 리더들을 깨워서 에이즈 예방사역에 동참시키고 상호 교류를 통해 소외된 환자들을 돌볼 수 있도록 훈련시키는 프로그램을 진행하는 것이다.

한국에서는 에이즈 환자의 숫자가 상대적으로 적은 편이지만 카리브 해 지역과 아프리카 그리고 일부 아시아 지역에서는 상상을 초월할 정도로 그 숫자가 늘어나고 있다. 하나님은 분명히 이러한 상황에 대해 상한 마음을 품고 계시기 때문에 교회는 이 일에 적극적으로 나설 필요가 있다.

나에게 가장 큰 도전은 다름 아닌 한국의 크리스천 싱글 자매로서 '섹스'와 '콘돔'이라는 민망한 단어를 입 밖으로 내야 한다는 사실이었다. 하지만 진짜 문제는 따로 있었다.

나는 M국에서 받은 정신적 충격에서 채 벗어나기도 전에 새로운 난관에 봉착했다. 수많은 의학용어와 전문용어를 다 영어로 해야 한다는 점이었다. 그것은 내가 넘기에는 너무 높은 산처럼 보였다.

불행인지 다행인지 내 안에 숨어 있던 '도전 정신'이 깨어났다. 시도라도 해보면 뭐든 남는 게 있을 거라는 생각으로 일단 무작정 시작을 했다. 영국에서 HIV 전문 상담사로 일했던 루시가 나에게 HIV/AIDS에 대해서 차근차근 가르쳐주었고 이윽고 나는 컨퍼런스까지 담당하게 되었다.

처음에는 정말 엄청난 긴장과 부담으로 어깨가 눌리는 느낌인데도 '생각보다 어색하지 않은 척' 연기를 하고 있는 내 자신이 대단하다는 생각에 웃음이 났다. 아직도 그 민망한 단어들을 사용한 것을 생각하면 닭살이 돋는다. 그런데 이 세미나를 주최하고 진행하면서 그 파급 효과가 엄청난 것을 매번 눈으로 확인할 수 있었다.

컨퍼런스 때마다 꼭 한 가지씩은 예상치 못한 일을 겪고 당황해야 했다. 한번은 필리핀 마닐라에서 이벤트와 세미나를 홍보하며 티켓을 판매하는데, 필리핀 치과의사 협회장이 배 사역에 관심을 갖고 HIV/AIDS 세미나의 티켓을 모두 구매한 일이 있었다.

"어떻게든 도와드리고 싶은데 일단 의료관련 세미나니까 티켓 전체를 구매하겠습니다."

나와 루시는 이 사실을 세미나 1주일 전에 알게 되었는데, 문제는 그 세미나가 교회 지도자들을 위한 것이지 의사, 그것도 치과의사들을 위한 것은 아니라는 점이었다.

> "의사들을 상대로 비전문가가 세미나를 진행한다는 것은 말이 안 돼
> 요. 세미나를 취소하는 것에 대해서 진지하게 고민해야 할 것 같습
> 니다."

나는 리더였던 루시에게 이렇게 건의했지만 그녀의 생각은
달랐다.

> "하나님께서 그 치과의사들이 교회의 지도자도 아니고 그리스도인
> 도 아니라는 사실을 분명히 알고 계셨을 텐데 그럼에도 불구하고 이
> 렇게 하신 데에는 어떤 이유가 있지 않을까? 우리 그냥 기도하면서
> 진행해보자."

우리는 아직 무엇인지 구체적으로 알 수는 없지만 그래도 하
나님의 뜻이 이루어지게 해달라고 기도하며 세미나를 준비했다.
그리고 세미나 당일이 되었다. 열정적인 느낌의 빨간색 단체
티셔츠를 입은 치과의사들이 도착했다. 그것도 예상 인원보다 5
명이나 더 왔다. 현장에서 추가로 티켓을 판매하는 이례적인 일
까지 일어났다.

"사실 저희가 준비한 세미나는 개신교 교회 지도자들을 위한 것이었
습니다. 다른 종교를 가지신 분들께는 양해를 구합니다."

대부분이 가톨릭 신자였던 그들은 큰 거부감 없이 받아들여
주었다. 통상 오전에는 HIV에 대한 잘못된 상식을 바로잡아주는
강의를 진행한다. 그 강의를 통해 참가자들의 마음이 열리면 그
때 현지 HIV 양성 반응자의 간증을 듣는 시간을 갖는다. 이 간증
이 세미나의 하이라이트인데 공교롭게도 그날 간증자는 세미나
를 협력해서 진행한 현지 HIV 강사였다.

"처음에 제가 HIV 보균자라는 것을 알았을 때는 저 역시 다른 사람
들처럼 삶을 포기하려고 했었습니다. 제가 HIV 보균자라는 사실을
부모님이 아신다면 저를 더 이상 가족으로 받아주지 않을 것이라는
생각이 가장 두렵게 했습니다. 칼로 손목을 그어볼까, 강물에 뛰어
내릴까 하는 생각도 해보았지만 내게 죽을 용기가 없다는 것을 알
았습니다. 그러고 나서 곰곰이 생각해보니 아직 제게 뚜렷한 증상이
나타나지는 않았다는 사실에 생각이 미치게 되었습니다. HIV 바이
러스가 내 몸에 있다는데 저는 아직 멀쩡하고 건강했습니다. 그래서
앞으로 얼마나 살 수 있나 알아봐야겠다는 마음으로 인터넷을 검색
하기 시작했습니다.
　　알고 보니 HIV에 감염되어도 바로 죽는 것이 아니더군요. 게다

가 완치는 안 되지만 바이러스의 증식 속도를 줄여주고 조절해주는 약물이 있다는 소식을 듣고 병원을 찾아갔습니다. 병원에서 기다리는 동안 마음이 정말 참담했습니다. 죽지는 않는다 해도 사는 게 사는 것 같지 않을 테니까 말이죠. 그때 상담을 마치고 나오는 어떤 환자분을 봤습니다. 저보다 나이가 조금 더 많고 아마 자녀들도 있을 것 같은 아주머니였습니다.

그런데 이 아주머니의 표정이 너무 밝은 거예요. '뭐지? 난 이렇게 힘들고 죽을 것만 같은데, 나보다 나이도 많고 책임져야 할 것들도 더 많아 보이는 저 아주머니는 왜 저렇게 당당하고 평화로워 보이는 것일까?' 차례가 되어 상담실에 들어서자마자 의사에게 물었습니다. '제 앞에 들어오셨던 환자는 어떤 분이신데 저렇게 밝으신 거지요?' 의사는 빙그레 웃으며 내게 되물었습니다. '정말 그 이유를 알고 싶으세요?' 저는 당연히 '예'라고 했습니다.

그때 의사선생님이 예수님에 대해서 이야기하기 시작했습니다. 저는 곧바로 손을 저으며, '그런 이야기라면 됐습니다. 저도 무슨 얘기인지 다 알고 있어요. 저희 부모님도 가톨릭 신자들이셔서 어렸을 때 성당을 다녀봤거든요.'

'당신은 내가 무슨 얘기를 하는지 아직도 모르고 있어요. 한번 끝까지 들어봐요'라며 의사선생님은 단호하게 말씀하셨습니다. 그래서 끝까지 들을 수밖에 없었습니다. 이야기를 듣고 있는데 어느 순간부터 마음속에 뭔가 알 수 없는 것들이 꿈틀거리며 움직이더니 갑자기

로고스호프 이야기

눈물이 솟구쳐 올라왔습니다. 저는 누구 앞에서 그렇게 울어본 적이 없었습니다. 그렇게 한참을 울고 났더니 설명할 수 없는 평안이 마음속에 밀려왔습니다. 그것은 바로 예수 그리스도 때문이었습니다. 그분이 내 모든 죄를 용서하시고 저의 짐을 대신 져주신 것이었습니다. 저는 지금 HIV에 감염되어 있지만 HIV에 감염되기 이전보다 훨씬 더 풍요롭고 감사한 삶을 살고 있습니다. 바로 예수님 때문이지요."

여러 참가자들이 눈물을 훔치고 있었다. 그때 한 참가자가 일어나더니 이렇게 소리쳤다. "저는 당신이 경험한 그 마음속에서 꿈틀거리는 것이 무엇인지 알고 있습니다. 바로 이틀 전에 제가 그것을 경험했거든요. 저도 예수님을 영접하고는 제 마음속에 매인 것이 풀리고 자유함을 얻었습니다. 당신에게는 치료약보다 예수님이 필요했던 것입니다."

아직도 세상에는 치료하지 못하는 병이 너무나도 많다. 이 병은 빈부와 노소를 따지지 않으며 종교와 국적도 가리지 않는다. 그리스도인이라도 병에 걸릴 수 있고 또 그 병으로 인해 죽을 수도 있다. 그러나 이런 상황에서 세상 모든 사람에게 진정으로 필요한 것은 오직 예수 그리스도이심을 우리는 믿는다. 우리가 겪는 많은 상황과 문제들을 피할 수 없다면, 그 상황을 허락하신 하나님의 도우심을 기대하는 수밖에 없다. 우리에게 가장 필요한 것은 다른 무엇도 아니고 오직 예수 그리스도다.

로고스호프가 도착한 필리핀의 세 번째 항구는 내게 아주 특별한 곳이었다. 필리핀 루손 섬에 위치한 올롱가포^{Olongapo}라는 작은 도시와 미 해군 기지였던 수빅 만^{Subic Bay}은 예전에 우리 가족이 선교사로 필리핀에서 살던 곳이었다.

우리 가족이 이 지역에 살게 된 이유는 활화산 때문이었다. 1991년 필리핀에서 피나투보^{Pinatubo}라는 화산이 폭발했다. 폭발 당시 우리 가족은 화산과는 멀리 떨어진 수도 마닐라에 살고 있었다. 그날 오후 두 시쯤이었는데, 학교를 마치고 집으로 돌아가는 길에 보니 온 하늘이 흑암으로 뒤덮였었다. 어린 나이였지만 그때 하늘을 보면서, '예수님이 오시는 건가?'라고 생각할 정도로 날씨가 이상했다. 다음날 아침이었다.

"형아, 눈이 왔어. 나와봐!"

나는 말도 안 되는 소리라고 생각하면서도 속옷 바람으로 얼른 밖으로 나갔다. 그런데 웬걸, 진짜 온 세상이 하얗게 변해 있었다. 나는 눈곱을 떼어내며 '이게 무슨 일인가' 했다. 어머니도 함께 나와서 보셨다. 우리는 일 년 내내 무더운 열대 나라에 눈이 쌓였다고 신기해했지만 사실 그것은 눈이 아니라 화산재였다.

피나투보 화산은 20세기에 두 번째 큰 규모의 폭발을 했던 화산으로, 그 화산재가 일본의 최남단 섬에까지 떨어졌다는 이야기가 있을 정도였다. 이 위력적인 화산 폭발의 피해는 아주 심각했다. 이곳과 거리가 꽤 떨어진 지역에서도 날아온 화산재의 무게를 견디지 못한 건물들이 붕괴하는 일이 있었다. 또 비가 많이 오는 필리핀에서 이 화산재가 물과 섞여 홍수라도 날 때는 그 엄청난 파괴력에 치를 떨어야 했다. 화산재가 섞인 물을 '라할'Lahar이라고 불렀는데, 이 시멘트 같은 물에 집이고 자동차고 가축이고 할 것 없이 모두 다 떠내려갔다. 비가 그치고 날이 더워지면 라할이 휩쓸고 간 자리에는 사막처럼 아무것도 남지 않았다.

그러니 피나투보 산 아래 살던 사람들은 얼마나 큰 피해를 입었을까? 아에타 부족이라 불리는 그들은 조상 대대로 살아왔던 터전을 다 버리고 겨우겨우 도망쳐 나왔다. 그런데 이들이 대피해서 정착한 장소의 문화는 그들이 가지고 있던 삶의 방식과 크게 달랐다. 다른 언어를 사용하는 것은 물론이고 산에서처럼 채집과 사냥을 할 수도 없었다. 또한 이들은 도시에 사는 필리핀 사람들과는 생김새도 달라 금방 눈에 띄었다. 그들은 심한 곱슬머리에 체구도 왜소했고, 본래는 옷을 전혀 입지 않고 생활하던 산악부족이라 산을 벗어나 생활하는 모습은 뭐든 어설퍼 보였다.

아에타 부족은 화산 인근 지역에 흩어져서 생계를 이어갔는데 그들이 정착한 곳은 도시의 외곽 지역이거나 산간 지역 또는 정글이었다. 그들만의 재정착 지역이 생성된 것이다. 그러던 중에 우리 아버지는 그곳 피해 지역에서 몇몇 한국 선교사님들과 연합 사역을 펼치셨다. 처음에는 구호활동으로 시작해서 나중에는 교회를 세우고 현지 목회자를 세우는 사역을 하셨는데, 아에타 부족이 워낙 넓은 지역에 흩어져 있었기 때문에 여러 정착지를 오가는 것도 쉽지 않은 일이었다.

그래서 우리 가족은 재정착 지역 근처로 이사를 결심했고, 결국 올롱가포로 이사하게 되었다. 올롱가포는 사실 수빅 만 미군기지 때문에 생긴 일종의 기지촌이다. 그런데 수빅 만에 위치한 미 해군기지와 또 수빅에서 차로 한 시간 거리에 있는 클락 미 공군기지도 화산 폭발로 막대한 피해를 입은 데다가, 또 이전부터 미군 철수를 요구했던 필리핀 정부의 움직임도 있었기 때문에, 결국 미군은 기지를 복구하지 않고 전면 철수를 하였다. 우리 가족은 미군이 떠난 직후에 올롱가포로 이사를 하였다. 미군이 떠난 도시, 그래서 수입원이 없던 도시는 쥐죽은 듯 적막했고 도시의 일부 지역은 폐허나 다름없었다. 그곳은 아주 우울한 도시였고 좋게 말하면 아주 조용한 도시였다. 그래도 내게는 많은 추억이 남아있는 곳이다. '필리핀에 온 것만 해도 신기했는데 여기 오다니….'

내가 이곳에 다시 오리라고는 꿈에도 생각을 못했다. 내가 13살쯤 되었을 때 아버지 수술을 위해 한 달간 다녀올 계획으로 한국에 귀국했다가 그후 돌아오지 못했고, 앞으로도 다시는 가지 못할 곳이라고 생각했었다. 아니, 아버지가 선교사역에 헌신하시다 병을 얻으신 곳에 다시 돌아오고 싶지 않았을지도 모른다. 그런데 17년이 지나서 다시 그 도시에 돌아와 있었다.

오랜만에 돌아온 올롱가포는 그사이에 꽤 많이 변해 있었다. 무엇보다 한국 사람이 아주 많았다. 전에는 우리뿐이었는데 말이다. 우리 가족이 이곳에 살 때 마닐라 수도에 계시는 어떤 선교사님이 우리 집을 방문하신 적이 있었다. 그때만 해도 휴대전화가 상용화되기 전이었기 때문에 아버지는 그 선교사님이 집으로 전화를 주시면 차로 모시러 가려고 기다리고 계셨다. 그런데 갑자기 선교사님이 우리 집 초인종을 누르고 들어오신 것이다. 우리 가족은 깜짝 놀라며 어떻게 우리 집을 찾아내셨냐고 물었다. 그분이 대답하시기를, 그냥 도시에 도착하자마자 여기 한국인 가정이 어디 사느냐고 물어보셨다는 것이다. 그렇게 물어물어 우리 집까지 찾아오신 것이다. 올롱가포는 그 정도로 작은 도시였고 또 한국인이 없었다.

지금은 수빅 만에 한국 기업이 조선소를 건설하면서 한국인만 2천 명이 넘게 거주하는 도시가 되었고, 또 다른 외국 기업들의 공장들까지 들어서서 번화가로 변모해 있었다. 그러던 중 수빅에 한인 교회가 있다는 소식을 들었다. 그것도 두 개나 말이다. 나는 다른 한인 선교사들과 함께 배가 정박한 항구 근처에 있는 한인 교회 예배에 참석했다. 오랜만에 한국 교회에서 예배를 드리려니 뭔가 새롭게 적응해야 할 것 같은 느낌이 들었다. 교인 모두가 한국 사람이라는 것이 어색하면서도 새삼스러웠다. 그런데 나는 교회 주보를 보다가 별것 아닌 일에 나도 모르게 울컥했다.

주보 상단에 적힌 숫자 때문이었다. 제9권 11호…. 9권이면 9년 전인 2003년에 개척했다는 얘기다. 우리 가족이 1995년에 한국에 돌아왔으니 그로부터 7년 후였다.

예배의 찬양은 화려했고 목사님의 설교도 좋았다. 심지어 예배 후에 먹은 교회 밥까지 맛있었다. 그런데도 내 마음은 까닭없이 먹먹했다. 이곳에서 17년 전에 열심히 사역하다가 몸이 아파 한국에 귀국한 한 선교사를 기억하는 사람은 아무도 없었다. 잊히다 못해 아예 그 존재 자체를 알지 못했다. 물론 당연한 일이었고 서로 아무런 관계가 없었으니 전혀 이상할 게 없었다. 그런데도 묘하게 서러움이 몰려왔다. 누구에게 인정받고 알아달라고 선교하는 것은 아닌데 막상 그런 상황을 접하고 보니 마음이 쉽사리 가라앉지 않았다.

배로 돌아가 오후 일정에 맞춰 서점을 개점하면서도 내 마음 한구석에는 여전히 우울한 마음이 있었다. '내가 왜 이럴까?' 하며 속으로 기도를 하였다. 그때 하나님께서 내게 이렇게 말씀하시는 것 같았다.

"사랑아, 내가 너를 인정한다. 내가 너희 가족이 헌신했던 것을 잊지 않았고 잘 알고 있단다."

그 순간 나는 주체할 수 없이 눈물이 났다. 그래, 맞다. 원래부터

이 모든 것이 우리 하나님을 위한 것이었다. 사람들이 몰라줘도 하나님은 우리의 마음과 헌신을 분명히 기억하신다. 그와 동시에 우리의 헌신과 순종은 철저한 현실이다. 아버지와 내가 같은 길을 가려 한다고 생각하니 마음이 더 비장해졌다. 그리고 한 알의 밀알이 떨어져 죽으면 많은 열매를 맺는다는 말씀 중에 죽는다는 의미가 이날은 좀 더 색다르게 다가왔다. 선교를 나가려는 이들에게 묻고 싶다. "당신은 과연 무엇을 위해 선교를 하려고 하는가?"

선교편지 _이원희 선교사

(나는 두 번째 한인 교회를 몇 주 후에 방문했다. 그런데 뜻밖에도 교회를 담임하시는 목사님이 예전에 아버지와 함께 아에타 산족들을 섬기시던 김영호 선교사님이셨다. 필리핀에서만 22년째 사역하시면서 5년 전에 한인 교회를 개척하셨단다. 얼마나 반갑고 감회가 새롭던지. 선교사님은 나를 보시더니 아버지 생각을 많이 하셨고, 또 내가 선교의 길을 나선 것을 보시고 나를 부둥켜안고 우시는 바람에 나도 눈물이 났다. 다음은 당시 나와 함께 그곳 한인 교회를 방문했던 원희 형의 선교편지다.)

제가 참 좋아하는 동생이자 사역자인 사랑이의 이야기를 하려고 합니다. 사랑이는 로고스호프 서점에서 리더로 일하고 있는 멋진 친구입니다. 저보다 1년 정도 먼저 배에 탔습니다. 사랑이는 많은 항구를 방문했었지만 그에게 있어서 이곳 수빅은 아주 특별한 곳입니다. 사랑이가 어린 시절을 보낸 곳이기 때문입니다.

사랑이는 선교사 가정에서 태어난 MK(선교사 자녀)입니다. 17년 전에 아버지를 따라 이곳 수빅에 왔었고, 이 땅에서 아버지와 함께 복음을 전하며 자라왔습니다. 그러던 중 아버지의 건강이 좋지 않으셔서 한국으로 돌아오게 되었고, 아버지는 3년 전에 지병으로 돌아가셨다고 합니다.

홀로 남은 어머니와 동생이 걱정되었지만, 사랑이는 자신의 아버지가 하셨던 것처럼 예수님의 발자취를 따라 복음을 전하는 선교사가 되었습니다.

그에게 수빅은 아버지에 대한 추억이며, 하나님에 대한 열정의 장소였습니다. 그러다 수빅의 한 한인 교회를 방문하게 되었고, 그곳에서 아버지와 함께 사역하시던 목사님의 소식을 접하게 되었습니다.

수소문 끝에 저와 다른 동료들과 함께 그 목사님이 사역하신다는 교회를 방문하여 주일예배를 드리게 되었습니다. 그곳에서 사랑이는 아버지와 함께 사역하신 목사님을 만났습니다. 예배 시작 전이었기 때문에 간단한 인사만을 나눈 후 예배가 시작되었습니다. 설교 중간쯤에 목사님께서 떨리는 목소리로 말씀하셨습니다.

"16년 전 제가 이 땅에 처음 왔을 때 함께 고생하면서 사역하셨던 선교사님이 계셨습니다. 그분이 얼마 전에 돌아가셨다는 소식은 이미

로고스호프 이야기

전해 들었습니다. 그런데 오늘 정말 뜻하지 않은 특별한 손님이 찾아왔습니다. 여러분도 아시는 것처럼 로고스호프라는 선교선이 이곳에 왔습니다. 그런데 16년 전에 저와 함께 사역을 하셨던 그 선교사님의 아들이 그 배의 선교사로서 다시 이곳을 방문하였습니다. 그 아버지가 걸어갔던 길을 그 아들도 걸어가고 있었습니다."

목사님은 잠시 동안 말씀을 못하시고 그저 뜨거운 눈물만 흘리셨습니다. 그러다 흘리시던 눈물을 닦으시면서 말씀을 이어가셨습니다.

"여러분은 자녀들에게 무엇을 유산으로 남겨주기 원하십니까? 돈입니까? 권력입니까? 재산입니까? 저는 여러분이 이 청년의 아버지가 하셨던 것처럼 거룩한 믿음의 유산을 남겨주시는 분들이 되시기를 기도합니다. 아버지가 옳다고 생각하고 걸었던 그 길을 아들이 또한 걸어가고 있습니다. 아들에게 믿음을 유산으로 물려주고 가신 아버지, 그리고 그것을 물려받아 다른 이들에게 믿음의 유산들을 전하는 아들…."

그 말씀을 들으면서 저 또한 눈물이 났습니다. 전에 사랑이에게 이런 질문을 한 적이 있었습니다. "너는 선교사의 자녀로 살면서 힘들지 않았니? 아무것도 없고, 아무도 모르는 곳에서 생활하고 사역하는 것이 어렵지 않았어?"

사랑이는 저에게 이렇게 답을 했습니다. "그 당시에는 그렇게 사는 것이 당연한 거라고 생각했어. 그리고 아버지가 하는 일이 옳은 일이라고 생각했기 때문에 즐거운 마음으로 아버지 사역을 따라 다녔던 것 같아."

사랑이와의 대화 속에서 하나님이 얼마나 사랑이의 가족을 사랑하시는지 그리고 그들이 얼마나 귀한 영혼들인지를 알 수 있었습니다. 믿음의 유산, 복된 소식, 그리고 생명을 살리는 일, 이 것이 얼마나 귀하고 값진 하나님의 유산인지를 깨닫게 된 귀한 시간들이었습니다. 복음의 행진은 지금도 계속 이어지고 있습니다. 그의 아버지께서 그리하셨던 것처럼 말입니다.

8장
희망의 유럽

 유럽 전도여행을 위한 기도

수빅에서 드라이독^{Dry Dock}을 하기 몇 주 전이었다. 마닐라 항구에 머물 때였는데, 조금 후면 다시 드라이독이 시작된다는 사실에 배 안은 긴장과 설렘이 감돌았다. 원래 1년에 한 번씩은 점검 차원에서 드라이독을 해야 하는데, 우리 배는 겉모습은 그럴듯해 보이지만 40년이 넘은 배라서 특히 엔진에 탈이 많았다.

작년 스리랑카에서의 드라이독은 5주가 소요되었는데 이번에는 10주 정도 걸릴 것으로 예상했다. 하지만 실제로는 예상보다도 훨씬 더 길어졌다. 드라이독을 몇 주 앞둔 어느 날, 나는 평소처럼 서점에서 오후 사역을 시작하기에 앞서 팀장 모임을 갖고 그날의 업무사항과 진행과정을 인수인계하는 중이었다. 그때 배 전체에 방송이 울려 퍼졌다.

"해리 티슨, 아잘리아 거룬간, 사랑 신, 지금 인사과로 와주세요. 해리 티슨, 아잘리아 거룬간, 사랑 신, 지금 인사과로 와주세요."

배에서는 보통 외부에서 전화가 오면 서비스 데스크에서 일하는 자매들이 방송으로 통보를 해준다. 그러면 사람들은 누구에게 전화가 왔을까 설레는 마음과 기대를 가지고 전화를 받으러 간다. 그런데 이번에는 서비스 데스크가 아니고 인사과다. 팀장 4명 중에 3명이 불려가는 형국이다 보니 우리는 가면서도 어리둥절해 했다.

"해리, 너 뭐 잘못한 거 있지?"
"하하하. 응, 뭔가 크게 잘못했어. 그런데 벌은 너랑 같이 받는 거 같아."

우리는 인사부장실 앞에 줄줄이 서서 차례로 한 명씩 방에 들어갔다. 나는 맨 마지막이었는데, 첫 번째로 들어갔다 나온 아잘리아는 웃어야 할지 울어야 할지 모르는 들뜬 표정을 하고 흥분해서 나왔다. 이어서 해리가 들어갔다. 해리 역시 묘하게 히죽거리는 얼굴로 나왔다. 상황을 보니 나쁜 일은 아닌 것 같다. 그리고 드디어 내 차례다. 문을 열고 들어가자 크리스틴 인사부장님은 내게 자리를 권했고 나는 자리에 앉았다.

"사랑, 이번 드라이독 기간에는 현재 우리가 있는 필리핀 외에 해외에도 팀들을 보낼 거야. 프레젠테이션 팀으로 로고스호프의 사역을 알리고 또 우리 사역을 동원하는 팀들이지."

"그럼 저는 이번 드라이독 때 해외로 가는 건가요? 어디로 가는데요?"

"유럽이야. 네가 가기 싫으면 안 가도 돼. 그런데 가게 된다면 팀 리더로 가쳤으면 좋겠어. 어떻게 할래?"

전혀 예상치 못했던 일이라서 순간 머릿속이 깜깜해지는 것 같았다. 유럽으로 보내는 선교동원 팀에, 게다나 리더라니 부담스러웠다. 그렇다고 '아니오'라고 대답할 수는 없었다. 이런 기회를 놓칠 수는 없었기 때문이었다.

"리더요? 아, 음… 네, 갈게요."

"그럼 유럽 어디 어디를 가는 거죠?"

"유럽 팀은 네덜란드, 루마니아, 스위스, 오스트리아, 독일 5개국을 9주 동안 방문하는 거란다."

"5개국이나요?"

나는 이야기를 마치고 나와서도 한동안 얼떨떨했다. 그래서 나도 다른 팀장들처럼 오묘한 표정을 지을 수밖에 없었다.

현재 이곳에서 선교사로 사역을 하고 있는데, 여기서 또 다시 다른 나라에 선교 팀으로 전도여행을 간다는 사실이 묘한 느낌을 주었다. 유럽에 가는 것은 기대되는 일인 동시에 걱정스러운 일이기도 했다. 왜냐하면 지난 1년 8개월 동안 익숙하게 사역했던 환경을 벗어난 곳에서 리더로서의 소임을 감당해야 하기 때문이었다. 그 순간 나는 하나님께 이런 고백을 했다.

"하나님, 제 힘으로는 할 수 없습니다. 저는 주의 일을 감당하기에 참 부족합니다. 도와주세요. 주님, 유럽에서 저희 팀이 하게 될 일은 선교선 사역을 소개하고 재정후원과 동원을 촉구하는 것이지만, 그 과정에 저희를 통해 한 사람이라도 복음을 듣고 주께 돌아오는 일이 있게 해주세요. 하나님의 복음을 전하길 원합니다. 그런 기회와 용기를 허락해주세요."

여러 기도제목이 있었지만, 그중에서도 하나님의 복음이 전해지길 간절히 기도했다.

 "You are amazing."

네덜란드에서의 6일 간의 짧고도 정신없었던 일정을 마무리하고 나는 집에 안부전화를 할 기회를 얻었다.

"엄마, 저 유럽 잘 도착했어요. 네덜란드에서 사역을 마치고 내일이면 루마니아로 비행기 타고 이동해요."

"그래, 수고가 많다, 아들. 루마니아에 아버지 친구 선교사님이 계시는데, 정홍기 선교사님이라는 분이다. 기회가 되면 꼭 만나서 인사드려라."

정 선교사님은 아버지의 오랜 친구이신데 약 20년 전 루마니아에 선교사로 나가셨기 때문에 나는 정 선교사님을 아주 어렸을 적에 뵌 이후로는 만나 뵐 기회가 없었다.

"네, 그런데 우린 정해진 스케줄이 있어서 어떻게 될지 모르겠어요. 미리 받은 스케줄을 보니까 부지런히 이동해야 돼요. 그리고 루마니아가 아주 큰 나라여서 만나뵐 수 있을지…."

사실 그랬다. 루마니아는 서쪽 끝에서 동쪽 끝까지 자동차로 18시간이 걸릴 정도로 큰 나라였고, 또 오엠에 있다 보니 같은 단체 소속 선교사가 아닌 이상 한국인 선교사를 만나는 것은 쉬운 일이 아니었다. 그래서 어머니께는 혹시나 만나게 된다면 꼭 인사를 드리겠다고만 말씀드리고 전화를 끊었다.

그런데 왜 항상 우리는 공항에만 가면 재미있는 상황이 벌어지는 걸까? 루마니아 공항에서도 신기한 일이 있었다. 예상대로 우리 팀을 맞이하기 위해 공항에 마중 나온 사람은 랄루카였다. 랄루카는 로고스호프에서 선교사로 활동하다가 얼마 전에 사역을 종료하고 귀국했었다.

우리는 반갑게 인사를 했다. 그리고 랄루카 옆에 두 사람이 더 있었는데, 다음 해 2월에 로고스호프에 승선할 예비 선교사와 그 선교사를 파송할 교회의 담임 목사님이 우리 팀을 잠시나마 보고 싶어서 함께 마중을 나왔다고 했다.

우리는 정중히 인사를 했다. 먼저 내년에 승선할 올리비아나라는 자매와 잠깐 이야기를 나누었다. 근데 신기하게도 파송교회 담임 목사님이 동양 사람이었다. 게다가 랄루카가 소개하기를 목사님이 한국인 선교사님이시라는 것이었다.

"안녕하세요. 저도 한국 사람입니다. 반갑습니다, 목사님."
"네, 반갑습니다. 우리 이 친구들이 못 알아들을 테니 영어로 이야기해요."

그때 랄루카가 말했다.

"사랑이의 아버지도 선교사님이에요. 그래서 사랑이는 선교사 자녀이지요. MK."
"오, 아버님이 어디에서 사역하세요?"
"네, 필리핀에서 선교하셨어요."
"아버지 성함이 어떻게 되시나요?"
"신용태 선교사님이세요."
"엇? 필리핀의 신용태 선교사…."

내 대답에 목사님은 말을 잊지 못하고 잠시 머뭇거리셨다. 그러고는 환한 미소로 자신이 아버지의 친한 친구라고 말씀해주셨다. 나는 어리둥절하였다. 나는 그분을 아주 어릴 때에 뵈었기 때문에 그냥은 도저히 알아보지 못했을 텐데, 그런 분을 루마니아 공항에 도착한 지 얼마 되지 않아서 만난 것이다. 우리는 서로 놀라고 신기해했다. 목사님은 내가 선교사로 나오기 얼마 전에 아버지가 돌아가셨다는 말씀을 듣고 눈물을 흘리셨다.

"You are amazing!"(네가 참 놀랍구나!)

목사님이 눈물을 닦으시며 내게 하신 말씀이었다. 나도 하나님께서 계획하신 이 작은 만남에 대한 감사함 때문에 아무 말도 할 수 없었다. 사실 우리는 루마니아 일정 중에 정 목사님의 교회를 방문할 계획은 가지고 있었는데, 목사님의 한국 일정 탓에 공항에서나마 잠시 우리를 만나보려 나오신 것이었다. 이날 공항에 마중을 안 오셨거나 또는 랄루카가 불쑥 말을 꺼내지 않았더라면 아무것도 모른 채 그냥 지나치고 말았을 텐데, 우리 하나님의 인도하심은 참으로 절묘하고 놀라웠다.

그 후에 우리는 정 목사님이 목회하시는 시온교회를 방문하여 예배에 참석하고 사역보고를 하는 시간을 가졌다. 그때는 정 목사님 내외분이 한국을 방문하셔서 그 자리에 함께 하시지 못했지만, 목사님이 개척하신 현지 교회의 성도들과 교제하며 풍성한 식사 대접을 받았다. 그리고 로고스호프의 예비 선교사 올리비아나를 다시 만나 선교선 사역에서의 재미있는 일화들을 나누며 즐거운 시간을 가졌다. 올리비아나는 중학생 때 정 목사님이 개척하신 교회에서 처음 예수님을 영접한 이후 14년간 신앙생활을 하다가 이제는 자신이 선교사로서 로고스호프에 가려고 준비하고 있었다. 나는 그녀가 정 목사님의 귀한 사역의 열매라고 생각하며 감동을 받았다.

천국에서 영원토록 만나볼 사람들

14일간의 루마니아 일정 중에 우리 팀은 10번의 사역홍보와 선교동원의 기회를 가졌다. 교회의 기도모임이 주된 장소였고, 때로는 선교집회와 기독 대학생 동아리 모임도 있었다. 루마니아는 광활한 나라였기에 예상했던 대로 차량으로 이동하는 시간이 많았다. 공항에서 오엠 루마니아 본부가 있는 브라쇼브^{Brasov}까지 4시간, 그리고 서부에 위치한 페트로샤니^{Petrosani}까지는 9시간이 걸렸는데, 아무리 멀어도 3시간이면 갈 수 있었던 네덜란드와는 차원이 달랐다.

랄루카의 고향인 페트로샤니에 갔을 때 일이다. 그곳에는 랄루카가 선교사로 봉사할 때 정신적으로나 물질적으로 많은 힘이 되어준 루크 가족이 있었다. 특히 어머니이신 마리아 아주머니가 지극한 정성으로 후원을 해주셨는데, 사역을 마치고 돌아온 랄루카와 우리를 저녁식사 자리에 초청해주셨다. 루크 가족은 9남매와 한 명의 입양아, 그리고 친척들로 이루어진 대가족이었다. 그런 상황에서도 랄루카뿐만 아니라 여러 선교사를 후원하고 계셨다. 내게 정말 인상적이었던 것은 마리아 아주머니가 처음 만나는 우리 한 사람 한 사람을 따뜻하게 안아주시면서, "천국에서 영원토록 함께할 여러분을 이렇게 미리 만나게 되어서 정말 기뻐요"라고 말씀하신 것이었다.

루마니아의 시골에서 그리 형편도 넉넉하지 않은 가정이 아이를 10명이나 키우면서 그렇게 많은 선교사를 기도와 물질로 후원하신다는 사실이 너무나 귀하게 여겨졌다. 그러면서 내가 선교를 나간다고 했을 때 격려해주시고 신실하게 기도와 재정으로 후원해주신 분들이 생각났다.

나는 선교사로 해외에 직접 나가는 일도 귀하지만, 치열한 일상과 어려운 형편 가운데서도 그런 선교사들을 묵묵히 후원하시는 분들이 어떤 면에서는 더 대단한 분들이라고 생각한다. 그때 나는 주중에는 바쁘게 직장생활을 하고 아이들을 양육하다가 주말에는 교회의 여러 부서에서 쉬지도 못하고 봉사하면서도 나 같은 풋내기 선교사를 잊지 않고 기도와 물질로 후원해주신 분들이 생각났다. 그분들이야말로 진정한 선교사다.

그와 같은 분들이 한국뿐만 아니라 세계 방방곡곡에 존재하고 있었다. 특히 그날은 루마니아의 시골에서 묵묵히 살아가는 한 가정의 모습을 보면서 존경스런 마음마저 들었다. 그날 루크 가족의 모습은 온종일 내 가슴을 뭉클하게 만들었다. 정말이지 루크 가족은 천국에서 꼭 다시 만나고 싶은 가족이다.

 10분만 주겠소

페트로샤니에서의 주일 아침, 우리는 한 침례교회에서 간증과 사역보고를 했고, 저녁에는 랄루카의 파송교회인 필라델피아 오순절교회에서의 사역이 기다리고 있었다. 그런데 랄루카가 선교사로 나와 있는 동안에 교회의 담임 목사님이 다른 분으로 바뀌는 일이 있었다. 교회의 파송 선교사였기 때문에 사역보고 승낙을 받기는 했지만, 일이 어떻게 진행될지는 전혀 알 수 없었다. 랄루카는 교회에서 우리 팀에게 그리 많은 시간을 주진 않을 거라고 예상했다. 그래도 만약을 대비해서 한국어 특송이나 간증 또는 설교 등을 준비하기로 했다.

우리는 조금 이른 시간에 교회에 도착하여 담임 목사님께 인사를 드리고 대화를 시작했다. 루마니아어를 전혀 알아듣지 못하는 우리는 랄루카와 루미니따(오엠 루마니아 지부 간사)가 담임 목사님과 대화하는 것을 바라보며 미소만 짓고 있었다. 내용을 알아듣지는 못했지만 대화의 분위기가 심상치 않다는 것은 감지할 수 있었다. 대화 도중에 랄루카가 통역하기를 우리에게 고작 10분을 주신다는 것이었다.

그런데 대화는 거기서 끝나지 않았다. 이야기하면서 함께 온 루미니따의 얼굴이 약간 상기되었고 목사님의 얼굴은 굳어 있었다. 분위기가 너무 무거워서 무슨 이야기가 오가는지 묻기도 겁이 났다. 대화는 담임 목사님의 근엄하신 말씀으로 끝이 났다. 사무실을 벗어나서야 나는 랄루카에게 어떻게 된 상황이냐고 물었다.

"10분 이상 할 수 있대."

"응? 그게 무슨 말이야? 그럼 몇 분?"

"그건 한번 지켜보자."

이런 당황스러운 분위기 속에서 예배는 시작되었고 오순절교회답게 찬양과 기도가 40여 분간 계속되었다. 드디어 우리 차례가 되어 앞으로 나갔다. 자기소개를 하고 선교선 사역에 대해 설명하면서 각자가 배에서 경험한 내용들을 하나씩 간증했다. 나는 스리랑카에서 갓 태어난 아이를 위해 기도를 받으러 왔던 가족 이야기를 했고, 에딧은 두바이에서 외국인 여성노동자들을 위로해준 이야기, 리사는 말레이시아에서 만난 목사님이 리사를 위해 기도해준 이야기를 했다.

간증만으로 벌써 10분이 지나버렸다. 우리는 성도들의 박수를 받으며 자리로 돌아갔다. 자리에 앉아 있을 때는 몰랐는데 앞에 나가 보니 참석하신 성도님들이 500여 명은 되어보였다. 남녀를 구분하여 좌석배치를 했는데, 남자는 왼편에 여자는 오른편에 앉았다. 여자들은 치마를 입고 머리에는 스카프를 하고 있었다. 그런데 목사님이 갑자기 로고스호프 팀이 특송을 할 수 있겠느냐고 물으시는 것이었다. 나는 눈을 깜빡거리다가, 혹시나 해서 준비했던 특송을 하기 위해 앞으로 나갔다.

"제가 여러분 앞에서 한국말로 찬양을 할 텐데요, 제 뒤에 있는 빔 프로젝터 화면에 영어로 자막이 준비되어 있습니다." 랄루카는 곧바로 루마니아어로 가사를 통역해주었다.

나는 기타를 치며 한국어로 '축복송'을 불렀다. 특송을 마치고 자리로 돌아가려는데, 이번에는 목사님이 오엠 선교사가 강단에 올라와서 설교를 하라고 하시는 게 아닌가. 그 순간 나는 어디서 그런 용기가 났는지는 모르지만 차분하게 목사님 말씀대로 강단에 올라갔다. 그리고 조금 전 회중기도 시간에 기도하면서 생각해두었던 성경 본문 말씀을 폈다.

마침 내 뒤에 통역을 하러 올라오신 전도사님이 계셨다. 나는 시편 67편 전체를 큰소리로 낭독했다.

"하나님은 우리에게 은혜를 베푸사 복을 주시고 그의 얼굴 빛을 우리에게 비추사 주의 도를 땅 위에, 주의 구원을 모든 나라에게 알리소서."

그리고 본문을 설명하며 설교를 시작했다. 본문의 전체적인 내용은 선교가 하나님이 우리에게 주신 특권이라는 것이었다. 선교가 희생이라고들 말하지만 희생은 그리스도께서 단 한 번 하신 것이고 나머지는 다 특권이라는 것이다.

예배를 마친 후 성도들의 반응이 참 감사했다. 교회가 앞으로 배 사역뿐만 아니라 전반적으로 선교에 더 큰 관심을 가져야겠다는 고백들이 있었고, 실제로 선교에 헌신을 하겠다는 청년들과 집사님들도 여럿 있었다.

한 자매는 그동안 하나님이 지속적으로 선교에 대한 마음을 주셨는데 거부하고 있다가 이번 예배를 통해 순종하기로 결심했다고 말했고, 또 다른 집사님은 얼마 전에 몰도바로 간 루마니아 선교사님을 알게 됐는데 하나님께서 그분에게 후원을 해야겠다는 마음을 주셔서 순종하기로 결심했다고 말했다. 나는 사무엘이라는 청년과 개인적으로 이야기를 나눌 기회가 있었는데, 그가 배 기관사로 사역하는 데 관심이 있다고 해서 지금까지도 계속해서 연락을 주고받고 있다.

그날 우리의 사역은 시작 때와는 달리 아주 좋은 분위기로 마무리되었다. 돌아오는 길에, 조금 전 목사님 사무실에서는 아무리 생각해도 다른 교회들을 방문했을 때와는 달리 분위기가 조금은 험악했었는데 아까 목사님과 무슨 이야기를 했느냐고 물어보았다. 나는 랄루카의 설명을 듣고 놀라서 혀를 내두르며 웃을 수밖에 없었다.

"10분 줄 수 있습니다. 그 이상은 안 돼요."
"저희는 10분을 하려고 수천 킬로를 달려온 것이 아닙니다. 더 하게 해주세요."

"자신 있나 보죠?"

"네, 자신 있습니다. 저희는 최고의 팀입니다!"

만약 그때 무슨 말인지 알아들었더라면 내가 나서서 뜯어 말렸을 내용이었다. 사실 우리는 10분만 주어져도 괜찮다고 생각했는데, 간사님 생각은 아니었나보다. 그제야 그때의 무거운 분위기가 이해되었다. 그런데도 사역이 순조롭게 진행된 것에 나는 감사했다. 하나님은 그런 상황 가운데서도 당신의 뜻을 이루시고 은혜를 베푸시는 데 탁월하게 우리를 사용하신다. 우리가 늘 감사해야 할 이유가 여기 있다.

 우리를 만나주심

5월 한 달 동안은 스위스와 오스트리아에서 사역을 했다. 거기서부터는 독일어를 사용하는 나라들이어서 독일에서 온 리사가 통역을 주로 하게 되었다. 리사의 말로는 스위스와 오스트리아에서 사용하는 독일어가 독일에서 사용하는 말과 조금 달라서 당황했다고 했는데, 그래도 독일어를 전혀 모르는 에딧과 나보다는 훨씬 나았기 때문에 도움이 많이 되었다. 오엠 스위스의 미리암 간사님과 프리스카 간사님은 번갈아가며 스위스 곳곳으로 우리를 안내해주셨다.

스위스에서는 그동안 배 사역을 마치고 돌아온 동역자들의 모임, 그리고 당시 배에서 사역을 감당하고 있는 46명의 스위스 선교사들의 교회와 가족 모임에 초청되어 배 사역을 소개하고 선교를 동원하는 일들을 했다. 그렇게 우리 팀은 2주 동안 13개의 모임을 방문했다. 스위스에서의 첫 번째 모임은 엔진실에서 일하는 라펠 선교사 가족의 헌신으로 이루어졌는데, 그 가족은 공원에 있는 공공 세미나실을 대여해서 교회 성도들과 친척들, 그리고 이웃들을 초청했다.

"안녕하세요. 저는 한국에서 온 신사랑이라고 합니다. 배에서는 서점에서 일했습니다."

"안녕하세요. 저는 에딧입니다. 제가 일하던 곳은 식당이었습니다."

우리는 1시간 정도 라펠 선교사의 영상 편지를 포함하여 많은 일화들과 간증들을 나누며 로고스호프의 사역들을 사람들에게 소개했다. 사역보고 후에는 자유롭게 다과를 나누면서 대화하는 시간을 가졌다.

우리가 사역보고를 할 때 맨 뒷자리 구석에 다리가 불편해 목발을 짚고 서 계시는 백발의 할아버지가 계셨다. 그분은 사역보고를 끝나자 우리에게 정말 가난한 이웃을 도와 도서관을 보급하고 건물을 짓고 무료로 진료를 하는지 물으셨다. 우리는 직접 체험한 사역들을 나누면서 그 모든 것이 다 사실이라고 했다. 그분은 잠시 후에 다시 오시더니 정말로 에이즈나 병환이 깊은 이들에게 복음을 전해 희망을 주며 좌절한 사람들을 위로하는 사역들을 했냐고 다시 물어보셨다. 우리는 그때마다 우리의 간증들을 더 나누었다. 할아버지는 재차 물으시고 또 물으셨다. 그러다가 갑자기 탄복하시면서 우시기 시작했다.

> "내 나이가 68인데, 나는 지금까지 하나님에 대해서 잘못 알고 있었네요. 나는 기독교가 지극히 권위적인 데다가 사람들을 탄압하는 종교라고 생각했고 그래서 기독교를 반대하며 살아왔는데…. 기독교가 이런 것인 줄 알았다면 진작에 하나님을 믿었을 텐데…."

할아버지는 본인의 유년 시절 이야기를 우리에게 해주셨다. 그분은 완고한 부모님과 불우한 환경으로 인해 어려운 시기를 지나오셨다. 그러면서 고백하시기를 이제는 하나님을 만나고 싶다고 하셨다.

또 한 번은 어느 교회의 토요 청소년 모임에 초청을 받았다. 약 70명이 모인 곳에서 게임도 하고 간식을 나눠먹는 시간을 가졌다. 함께 예배를 드리면서 찬양도 불렀다. 드디어 우리 차례가 되자 팀원들은 전날에 숙소에서 심혈을 기울여 만든 문화 콩트를 시연하였다.

콩트의 내용은 배를 타면서 우리가 경험한 다양한 문화들을 다룬 것인데, 아랍권의 베일을 쓴 여인들이 남편을 따라다니는 모습, 인도권의 사람들이 언제 고개를 좌우로 흔드는지, 말레이시아에서 맛있게 교회 음식을 먹던 일 등을 섞어서 코믹하게 꾸몄다. 이어서 우리의 선상 생활에서 힘들고 어려웠던 일화들을 소개했다. 그러면 청중들은 자연스럽게, 어째서 400명이나 되는 많은 사람들이 그런 어려움을 감수하고 수많은 나라들을 이렇게 돌아다니는지 궁금해했다. 우리는 그 기회를 이용하여, 그것은 우리가 예수님을 만났기 때문이라고 답변했다. 그리고 이어서 내가 간증을 하였다.

"저는 태어났더니 아버지가 목사님이었고 나중에는 선교사였어요. 선택의 여지가 없었죠. 그래도 어린 날에 선교지에서 보아왔던 아버지는 제게 영웅이었어요. 어려운 이들을 돌보며 학교와 교회들을 짓고 의사를 대신해서 약을 처방해주기도 했죠. 그러던 중 아버지가 병환으로 고국에 돌아오시게 됐고 덩달아 제 인생도 꼬이기 시작했어요.

겨우 적응했던 선교지에서 다시 고국으로 돌아오니 사람들은 나를 마치 외국인인 양 취급했고, 아버지가 아프셨기 때문에 우리 가족 형편은 말이 아니었어요. 저는 하나님께 도와달라고 기도했지요. 그런데 달라지는 건 아무것도 없었어요. 그러다가 제가 여러분만 한 나이였을 때, 어느 날 갑자기 아버지가 많이 아프셔서 구급차로 병원에 실려가셨어요.

그날 저는 교회에서 부흥회에 참석하고 있었는데, 소식을 듣고 집으로 달려가 보니 아버지는 벌써 구급차에 실려 어머니와 함께 떠나고 계셨죠. 저는 그 차를 따라 뛰고 또 뛰었어요. 그러다 결국엔 숨이 차서 헐떡거리며 떠나가는 차를 바라보고만 있었죠. 겨울밤이었는데, 하늘이 정말 캄캄하더라고요.

저는 한동안 거리 한가운데 멍하니 서 있다가, 내가 할 수 있는 것을 해야겠다는 심정으로 축 늘어진 몸을 이끌고 교회로 다시 갔어요. 사실 아버지가 병원에 실려가신 것이 그때가 처음이 아니었고, 내가 병원에 가봐야 기다리는 것 외에는 할 수 있는 게 없었으니까요.

교회 의자 맨 뒤편에 앉아서 처음에는 당연히 아버지를 위해 기도했죠. 그런데 기도를 하다 보니 기도가 어느덧 원망으로 바뀌었어요. 그리고 하나님께 삿대질을 하며 대들기 시작했죠. '하나님 진짜 있는 거 맞아? 세상에 얼마나 나쁜 인간들이 많은데 왜 하필 사역 잘하고 있는 선교사를 아프게 하냐? 진짜 있으면 한번 나와 봐. 만약 없으면 이제부터 안 믿어. 내가 왜 믿어' 하고 말이에요.

그런데 그날 하나님께서는 하나님을 욕하던 저를 진짜 만나주셨어요. 하나님의 충만한 임재하심이 제 마음에 가득 채워지는 것을 느낄 수가 있었죠. 그때 하나님께서 제 마음 가운데 딱 한 문장을 말씀하셨어요. '사랑아, 내가 너를 사랑한다.'

저는 '왜'라고 물었는데 하나님은 저를 사랑한다고 하셨어요. 논리에 안 맞는 답변이었어요. 그런데 이상하게 그 말이 얼마나 제 안에 큰 만족을 주고 또 위로가 되었는지 몰라요. 그날 밤 저는 하염없이 울고 또 울었어요.

하나님이 저를 만나주셨어요. 그런 하나님께서 오늘도 우리를 만나주실 줄 믿어요."

이렇듯 나뿐만 아니라 로고스호프에 있는 모든 이들은, 서로

다른 나라와 다른 환경에서 자랐지만, 인생의 고비와 무의미함 가운데서 우리를 만나주신 하나님에 대한 간증을 누구나 가지고 있다. 예배를 마치고 많은 아이들이 내게 와서 콩트가 재미있었다고 칭찬해 주었고, 또 내 아버지는 그 후에 어떻게 되셨느냐고 물었다. 나는 아버지가 그 후로도 오래오래 사셨다고 했다.

그러던 중에 청소년 담당 교역자가 정말 놀라운 소식이 있다며, 약간 울먹이는 한 여자 아이를 데리고 우리 앞으로 다가왔다. 오늘 교회에 친구를 따라왔다가 우리 간증을 듣게 된 17세의 소녀 알마냐가 울며 주님을 영접하겠다고 고백을 한 것이다. 알마냐는 알바니아에서 이민 온 무슬림 가정의 아이였다. 나는 방금 들은 말을 의심하며 다시 물었다. "오늘 이야기에 감동을 받았다고요?" 내 질문에 담당 교역자가 대신 대답을 했다. "네. 감동뿐만 아니라 선교사님들의 간증을 들으며 주님을 만났어요. 오늘부터 교회에 나오겠대요." 우리는 어안이 벙벙했다. "정말요?!"

이런 놀라운 일들을 목격할 수 있었던 것이 우리에게는 그저 놀라운 주님의 은혜일 뿐이었다. 우리는 알마냐와 담당 교역자 그리고 오엠 스위스의 미리암 간사님과 함께 춤추듯 펄쩍 뛰며 소리를 질렀다. 우리는 알마냐를 집에 데려가서 부모님께 알마냐가 앞으로 교회에 다녀도 될지 여쭤보고 허락을 받았다. 알마냐의 부모님은 무슬림이긴 했지만 그리 강경한 분들은 아니셨다.

얼마나 신 났는지 나는 가슴이 마구 뛰었다. 우리는 그렇게 인사를 하고 숙소로 돌아갈 채비를 했다. 오엠 스위스 간사님이 그날은 다른 일정이 있으니 우리끼리 운전을 해서 숙소로 돌아가라고 하셨다. 우리는 내비게이션을 켜고 출발했다. 운전대는 리사가 잡았다. 우리는 하나님이 우리를 사용하셨다는 기쁨과 흥분 그리고 그날 사역이 끝났다는 홀가분함으로 차 안에서도 춤을 추며 숙소로 돌아갔다. 이날 우리는 30분이면 될 거리를 1시간 반을 헤매며 겨우겨우 목적지에 도착했다. 그런데 우리 중 누구도 짜증내는 사람이 없었고 성령에 취한 듯 마냥 좋아하며 귀가하였다.

하나님이 우리를 만나주신다는 것은 참 흥분되는 일이다.

구원은 하나님께 있다

오스트리아에서는 정말 바쁜 일정을 소화해야 했다. 스위스에서 오스트리아로 넘어가는 7시간의 기차 여행 중에 우리는 무슨 첩보 영화의 한 장면처럼 오엠 오스트리아 간사님과 첫 만남을 가졌고, 기차가 정류장에 도착하자마자 그날 저녁 곧바로 예정된 교회에서 3시간 일정으로 프로그램을 진행했다. 그 이후로도 쉴 새 없이 린츠 Linz, 비엔나 Vienna, 그라츠 Graz 등을 돌아다녔고, 마지막 3일 동안은 매년 정기적으로 열리는 오스트리아 최대의 교회 연합 청장년 수련회인 피유 PFIJU에서 청년들을 상대로 사역을 했다. 그렇게 12일 동안 도합 16번의 동원 사역을 하였다.

로고스호프 이야기

우리의 일정을 계획하고 또 우리와 함께 오스트리아 곳곳을 여행한 오엠 오스트리아의 피터 간사님은 젊은 목사님이셨는데 이분이 많은 교회들과의 연락을 주선하셨고, 두 시간이 넘는 기본 프로그램을 미리 구상해오셨다. 프로그램은 오엠 오스트리아의 전반적인 선교 사역과 선교선 사역의 간증들을 적절하게 배합함으로써 배 사역뿐만 아니라 선교 전반에 걸쳐 선교동원을 도전하도록 구성되어 있었다.

오스트리아에 도착하고 삼 일째 되던 날이었다. 우리는 오스트리아 린츠의 외곽에서 열린 기도모임에 초청받았다. 장소는 오래된 성곽 도시 내부에 있는 작은 가정을 꾸며서 만든 곳이었는데, 그곳은 평일에는 청소년과 청장년들의 놀이와 휴식 문화 공간으로 사용되고 주일과 평일에 한 번씩 예배를 드리는 장소로 사용되었다. 우리는 그날 저녁 15명이 모인 곳에서 프로그램을 시작하였다.

먼저 영상을 통해 세계 곳곳에서 가난과 폭력으로 소망이 없는 삶을 살아가는 이들의 모습을 보여준 후에 피터 간사님이 참가자들에게 질문을 던졌다.

"이 희망을 잃은 사람들에게 희망을 전해주기 위해 우리가 할 수 있는 일이 무엇일까요?"

이어서 우리는 그 구체적인 방법들로 오엠 오스트리아 지부의 사역과 로고스호프의 사역을 소개하고 간증했다.

나는 우리의 사역보고가 진행되는 중에 체격이 좋은 신사 한 분이 계속 화장실을 왔다 갔다 하시는 것을 보았다. 사실 모임장소가 그리 넓은 편이 아니었고 또 인원도 많지 않은 상황에서, 앞에 서서 이야기하는 사람으로서는 청중 한 사람이 그렇게 자주 화장실을 오고가는 것이 은근히 신경 쓰였다.

리사가 한참을 이야기하고 있을 때 그 신사는 세 번째로 화장실을 다녀온 후에 자리에 앉았다. 나는 이분이 속이 불편하신가 하고 유심히 관찰했다. 그런데 그분의 얼굴이 땀인지 눈물인지 모를 무언가로 젖어있는 것을 볼 수 있었다. 영문은 모르겠지만 뭔가 있는 것이 분명했다.

우리의 사역이 다 끝나고 돌아갈 때쯤이었다. 대부분의 사람들이 인사를 하고 떠나간 후에 우리는 교회의 목사님과 성도 한 분 그리고 그 신사가 눈물을 뚝뚝 흘리며 함께 간절히 기도하는 모습을 볼 수 있었다. 목사님이 나중에 우리에게 수고했다며 맥도널드에 데려가셨는데, 그때 피터 간사님이 아까 그분에게 무슨 일이 있었냐고 물었다. 목사님의 말씀에 따르면, 그 신사분의 이름은 리처드인데 오늘 처음 주님을 구주로 영접했다는 것이다. 얼마 전부터 모임에 나오기 시작한 리처드 아저씨는 며칠 전부터 하나님에 대한 질문을 많이 했다고 한다.

그러던 중에 오늘 기도모임에 와서는 마음이 뜨거워져서 본인도 모르게 계속 눈물이 났다는 것이다. 눈물이 흐르는 것이 창피해서 계

로고스호프 이야기

속 화장실을 오갔던 것이고, 예배 후에는 견디다 못해 목사님께 상담을 청해서 자신이 이제 어떻게 해야 하느냐고 물었던 것이다. 나는 먹고 있던 햄버거가 어디로 들어가는지도 모를 정도로 몰입해서 그 이야기를 들었다. 그러면서 다시 한 번 우리 하나님은 정말 신실하신 분임을 깨달았다.

사실 그날 사역을 진행하면서 꽤 힘들고 피곤하다는 생각을 가졌던 것이 사실이었다. 청중들의 반응이 흥을 돋우어주는 것도 아니었고 숫자도 15명 정도밖에 되지 않았기 때문이다. 그리고 기도모임이었기 때문에 구원 간증을 하거나 사람들에게 직접적으로 복음을 전하는 기회도 없었고 단지 선교선 사역에 동역자들이 필요하다고 도전하고 함께 기도하는 것이 전부였다.

그런데 하나님은 그런 자리에서도 꼭 필요한 한 사람을 만나주셨다. 배에서 찾아온 세 명의 젊은이가 열정적으로 떠들었다고 해서 그런 일이 일어난 것이 아니라, 그전부터 하나님께서 그 신사의 환경과 마음을 준비시켜 놓으신 것이다. 나는 그날 일을 통해서 선교나 하나님의 사역은 우리가 하는 것이 아니라는 사실을 다시금 확실히 깨달았다. 우리는 하나님이 준비하신 모든 계획 가운데 그저 통로로 사용되기 위해 최선을 다할 뿐이다. 그 이후로는 우리에게 아무것도 자랑할 것이 없었다. 왜냐하면 구원은 오직 하나님께만 달려 있기 때문이다.

주님의 일을 지켜보는 특권

5월 29일, 드디어 마지막 나라 독일에 왔다. 우리는 로고스호프 본부와 오엠 독일 본부가 있는 모스바흐^{Mosbach}에 도착하였다. 사실 모스바흐는 독일 남서부에 위치한 작은 시골 마을이다. 그런데 배에서는 우스갯소리로 모스바흐를 세상에서 제일 유명한 곳이라고 부른다. 로고스호프에 승선한 세계 곳곳의 선교사들이 이곳을 통하여 우편물을 받을 뿐만 아니라, 로고스호프의 중요한 인사 행정과 선교선의 향후 목적지도 이곳에서 결정하기 때문이다. 오스트리아에 이어 독일에서의 일정도 만만치 않게 빡빡했다. 조금 다른 점이 있었다면 로고스호프 본부에서 우리에게 일정표, 차량, 휴대폰, 내비게이션, 그리고 부스에 비치할 수 있는 홍보물과 자금만 지급하고서는 우리더러 알아서 찾아가 프로그램을 진행하라고 자율권(?)을 주었다는 점이다. 나는 아무리 우리 팀에 리사가 있다고는 해도 우리를 너무 믿는 것이 아닌가 하는 생각을 했다.

우리는 독일에서도 북서부와 남서부 그리고 중부 지역 구석구석을 다니며 사역보고를 하고 간증을 나누었다. 독일에서는 2주 동안 17개의 모임에서 선교동원을 하였는데, 자동차 계기판을 보니 우리가 2주 동안 3600킬로미터를 여행한 것으로 되어 있었다. 정말 자동차는 질리도록 탔던 것 같다. 당시 유럽의 5개국을 돌아다니면서 자동차로만 1만 킬로미터 넘게 달리지 않았을까 추측을 해본다.

여행을 많이 했던 만큼 숙박 장소도 여러 번 바뀌었다. 유럽 여행을 하면서 숙박업소에서 잠을 잔 적은 한 번도 없었다. 오로지 선교 후원자들의 가정에서만 숙박을 했다. 그러다 보니 가정에서도 선교보고와 상담이 밤늦게까지 이어졌다. 나는 24번째까지는 숙소의 숫자를 세었었는데 독일에서는 숙소가 너무 자주 바뀌는 바람에 세는 것을 포기했다.

독일에서 가장 인상 깊었던 것은 다양한 종류의 교회들과 단체들을 방문했다는 점이었다. 독일은 유서 깊은 기독교 국가인 데다가 영토도 넓기 때문에 신앙의 스펙트럼도 다양했다. 하루는 지하의 락카페에서 예수 믿는 펑크족들에게 선교동원을 하는가 하면, 다음날에는 고풍스러운 고딕 양식 교회에서 연세가 지긋한 할머니 할아버지들에게 말씀을 전하기도 했다.

한번은 아주 보수적인 러시아계 독일교회에서 수요예배를 드린 적이 있었다. 교회 건물이 아주 크고 주차장과 사택까지 잘 갖춰진 곳이었다. 우리는 네 시간이나 걸려서 교회에 도착했는데, 약간 지각을 하는 바람에 허둥대고 있었다. 도착하자마자 선교서적들과 홍보전단을 진열한 후에 간증 시에 사용할 자료들과 관련해 교회 스태프들과 이야기를 하고 있었다. 그때 담임 목사님이 우리를 따로 불러 심각하게 말씀을 하셨다.

"우리 교회는 아주 보수적인 교회라는 것을 아무도 이야기해주지 않던

가요? 여러분 모두 좀 더 격식 있는 복장으로 갈아입으시면 좋겠습니다. 가능할까요?"

그때 우리는 독일 오엠에서 준 지침서에 적힌 대로 모두 오엠 로고가 들어간 검정색 티셔츠에 청바지로 나름 구색을 갖춰 입고 있었다. 그러나 목사님은 신신당부하시기를 나는 남방을, 자매들은 꼭 치마를 입어달라고 하셨다. 우리는 바로 주차장으로 달려갔다. 그때 에덧이 나지막하게 말했다.

"여긴 지난번에 갔던 800년 된 독일 전통 교회보다 더 심하다."

다행히 차 안에 여벌의 옷이 있어서 우리는 황급히 갈아입고 허둥지둥 교회로 다시 들어갔다. 예배가 시작되었다. 찬양과 기도 순서가 모두 지나가고 드디어 우리는 허리 높이 정도 되는 단상으로 올라갔다. 그날 저녁 교회에는 200명 정도의 성도들이 참석하였다. 목사님이 우리를 소개해주셨다.

"전에 소개했듯이 배에서 온 선교사들입니다. 이분들이 외국에서 오신 분들이라 혹시 잘하지 못하더라도 너그럽게 봐주시기 바랍니다."

목사님의 그 말 한 마디에 벌써 우리는 뭔가 잘못할 수도 있겠다

로고스호프 이야기

는 긴장감을 가지게 되었다. 우리는 정신을 가다듬을 틈도 없이 조마조마한 상태에서 한 시간 넘게 선교보고를 했다. 흐르는 땀도 땀이지만, 경직된 분위기 속에서 잔뜩 긴장한 탓에 말도 버벅거렸다. 그래도 어떻게든 무사히 선교보고를 끝냈고, 예배를 마무리하면서 목사님이 기도회 인도를 하셨다.

> "우리 선교사님들이 주님의 사랑을 열심히 전하고 계십니다. 오늘 이 자리에 그 사랑을 받아들이기 원하시는 분들은 함께 영접 기도를 하시기 바랍니다."

나는 이 교회가 평소에도 영접 기도로 예배를 마무리해온 것으로 생각했다. 목사님의 요청에 성도들이 자연스럽게 차례차례 돌아가면서 기도하기 시작했기 때문이었다. 유럽 교회에서는 우리나라처럼 합심해서 통성으로 기도하는 것이 아니라, 일반적으로 조용히 기도하거나 때로는 차례로 돌아가면서 기도를 하였다. 러시아계 교회였기 때문에 나이가 많은 성도들은 러시아어로, 조금 젊은 성도들은 독일어로 기도를 했다.

그런데 갑자기 뒤쪽에서 노신사 한 분이 울먹이며 큰소리로 기도를 하는 것이었다. 우리 팀원 중에 러시아어를 아는 사람이 하나도 없어서 우리는 그저 듣고만 있었다. 그렇게 기도를 다 마치고 광고시간이 되었다. 그때 그 노신사의 부인이 나와서 독일어로 이야기를 해주었다. 부인이 수십 년간 남편에게 전도를 했는데도 남편은 완강히 버티고 믿지 않았었는데, 오늘 남편이 직접 울먹이면서 영접 기도를 했다는 것이다. 부인은 남편이 주님을 만나게 되어 너무너무 감사하다며 눈물을 흘리면서 간증을 했다.

나중에 목사님과의 대화 중에 교회에서 이렇게 공개적으로 영접 기도를 하라고 권한 것이 처음이라는 말씀을 듣고서, 우리는 하나님의 방법에 놀라지 않을 수 없었다. 예상치 못한 곳에서 주님을 영접하는 사람들과 선교에 헌신하는 사람들을 만나면서, 내가 무엇을 해서 하나님께 드리는 것이라기보다는 하나님이 친히 역사하시는 자리에 우리는 그저 목격자로 서 있을 뿐이라는 생각이 들었다. 그런데 나는 그것이 너무 좋았다. 우리가 우리의 힘으로 사람들을 설득하거나 회유하는 것이 아니었다. 다만 주님이 우리를 필요로 하셔서 우리를 부르실 때에 충실히 응답함으로써 그분의 사역에 동참할 수 있다는 사실이 감사할 따름이다.

여행을 끝내며

독일에서의 스케줄을 다 소화한 후에 우리는 본부로부터 며칠간의 휴가를 얻었다. 사실은 로고스호프의 드라이독이 지연되는 관계로 본부에서는 우리 팀이 독일 사역을 마치면 곧바로 스웨덴과 덴마크로 파송하려는 계획을 하고 있었다. 하지만 나는 우리 팀이 사역을 계속하기에는 체력적으로 한계에 다다랐다고 판단했기 때문에 본부에 양해를 구했다. 그래서 원래 계획대로 일정을 독일에서 마무리하고 며칠간 휴식을 취한 뒤에 로고스호프로 복귀하기로 했다.

10주 동안 5개 국가에서 60개 이상의 모임과 교회에서 하나님의 사역과 선교에 대해 간증하는 놀라운 일들이 있었다. 주어진 일정 중에 거의 매일 모임을 진행한 셈이다. 모임을 통해 많은 사람들을 만났다. 그 가운데 실제로 이듬해 로고스호프에 승선한 사람들도 있었고 또 하나님의 복음을 듣고 주님을 영접한 이들도 있었다. 하나님의 계획은 우리의 생각과 상상을 초월하는 것이었다.

6월 20일, 우리는 유럽에서의 모든 일정을 마치고 필리핀으로 돌아왔다. 그러나 우리 마음의 고향이었던 '떠다니는 집'의 모습은 예전과는 사뭇 달랐다. 배는 아직 드라이독 중이어서 수리대 위에 놓여 있었는데, 밑바닥이 고스란히 드러난 모습이 낯설게 느껴졌다.

필리핀에 도착한 다음날 우리는 로고스호프 인사과장 선교사님과 이번 여행에 대한 평가회를 가졌다. 그동안 메일로는 서로 연락을 주고받았지만 이렇게 대면하기는 처음이었다. 우리는 그간 일어났던 은혜로운 사건들과 사고들을 보고하는 중에 다시 한 번 이번 여행이 힘은 들었지만 즐거운 시간이었고 하나님의 역사를 경험하는 시간이었음을 느꼈다. 기도로 모임을 마쳤고, 유럽 팀은 그렇게 해산했다.

인사과장 선교사님은 바로 다음날부터 모두 엔진실 보조 팀에 투입된다는 사실을 통보해주셨다. 이제 우리도 배를 수리하는 작업에 동참하는 것이다.

9장
희망을 이어가며

더^{The} 드라이독

나는 일명 '플렉스'^{FLEX}(만능 도우미) 팀이라 하여 도움이 필요한 곳이면 어느 부서든, 갑판이든, 엔진실이든 가리지 않고 작업을 돕는 팀에 배속되었다. 우리 팀은 15-20명으로 구성되었는데, 그 팀에는 에딧, 리사는 물론이고 해외로 선교여행을 다녀온 원희 형, 해리, 아잘리아, 질 등도 포함되어 있었다.

우리의 일과는 아침 7시에 시작되어 저녁 6시 저녁까지 진행되었다. 내가 맡은 주된 업무는 엔진실의 탱크와 격실들을 구석구석 청소하고 녹을 제거하는 일이었다. 모든 일이 힘들었지만 그중에서도 탱크 팀은 정말 힘이 들었다. 어둡고 좁은 공간 안에서 하루 종일 그라인더, 니들건 등의 작업도구를 들고서 작업을 해야 했고, 방진 마스크를 써도 먼지 때문에 입과 콧속은 까맣게 변했다. 날도 더운 데다가 통풍이 잘 안 되는 엔진실의 무쇠탱크 안에서 일했던 우리 팀은 언제나 땀으로 온몸이 젖어 있었다.

이때 함께 일했던 원희 형은 정말 힘들어했다. 형의 말로는 웬만한 막노동 일은 다 해봤는데 탱크 작업이 가장 힘들다고 했다. 몸이 힘드니까 자연스레 이런저런 형의 불평이 늘어갔다. '왜 이건 이렇게 해야 하나?' '왜 저건 저렇게 하지?' 그러면서 어느 순간 본인도 인정하기를 자신이 투덜이로 변했다고 했다.

우리 플렉스 팀에는 도르카스라는 홍콩 자매가 있었다. 도르카스는 다른 자매들보다 유독 체구가 작았다. 그런데도 불평 한 마디 하지 않고 오히려 더 즐겁게 일을 했기 때문에 다른 사람들에게 도전이 되었다.

어느 날 원희 형은 그 친구에게 이렇게 물었다. "너는 정말 대단한 것 같아. 어쩌면 그렇게 힘들다는 말 한 마디 안 하고 열심히 일할 수 있니?" 그 친구의 대답은 원희 형을 부끄럽게 했다.

"내가 할 수 있을 때 하는 것인데 뭐. 하나님께서 건강한 몸을 주셨으니까 이렇게 할 수 있는 것 아니겠어?"

나중에 원희 형은 나에게 이런 말을 했다.

"죽을 것 같이 힘이 든 건 맞지만 그렇다고 진짜 죽지는 않겠지 뭐. 힘들

로고스호프 이야기

어도 이렇게 일할 수 있는 건강한 몸을 주신 것에 대한 감사함을 잊었던 것 같아. 그동안 건강을 잃어서 고생하고 또 사역에 동참하고 싶어도 하지 못하는 분들을 많이 봐왔는데, 이런 불평을 할 것이 아니라 더 열심히 감사함으로 사역을 해야 할 것 같아."

이렇게 우리는 극한의 시간 앞에서 노동을 기도로 또 기도를 노동으로 표현하고자 노력했다. 아무것도 아닌 단순하고 고된 노동을 주님께 하듯 예배로 올려드리고 또 올려드렸다.

꿈꾸는 한 사람이 나타날 때까지 _박도성 선교사

(박도성 선교사는 현재 로고스호프에 승선하고 있는 공식 사진기자다. 그의 아내는 남아공 출신 말린이라는 선교사다. 두 사람은 로고스2호에서 처음 만나 결혼했다. 도성과 말린 부부는 사역 현장을 촬영하고 격려하기 위해 망얀 부족 사역팀과 동행했다.)

필리핀 수빅에서의 드라이독 기간 중에 갑판부서과 엔진실 팀을 제외한 대부분의 로고스호프 단원들이 '챌린지 팀'이라는 전도팀을 구성하여 곳곳으로 흩어졌다. 84개의 전도여행 팀이 8개월간 필리핀 곳곳을 다녔다. 많게는 8명 적게는 4명으로 이루어진 팀이 한 마을에 한 달 정도 머물면서 어린이 성경학교, 제자훈련, 일대일 전도, 학교 방문, 병원 방문, 원주민 전도, 교회 건설, 도서관 프로젝트 등 다양한 사역을 진행했다. 사진기자인 내 임무는 이 챌린지 팀들을 방문해서 사진이나 비디오를 촬영하는 것이었다. 그중에서 민도로Mindoro 섬에 있는 망얀Mangyan 부족 마을에서의 사역은 나에게 잊을 수 없는 경험이 되었다.

처음에 우리 부부가 망얀 부족 사역 팀을 따라가고자 한 것은 라인업 팀이 준 망얀 부족에 대한 정보 때문이었다. 이 정보에 의하면 망얀 부족은 필리핀 내에서도 평등한 대우를 받지 못한다고 했다. 평소 인신매매Human traffic에 대해 관심이 많았던 우리 부부는 망얀 부족을 방문하는 일에 더 적극적일 수밖에 없었다.

많은 사람들이 21세기에는 노예제도가 존재하지 않는다고 생각한다. 하지만 역사상 가장 많은 노예가 오늘날 존재하는데, 그 숫자는 2천만을 훨씬 웃돈다. 바로 인신매매 때문이다. 사람을 납치하는 것뿐만 아니라 더 넓게는 노동력을 부당하게 착취하는 것도 인신매매의 한 형태로 볼 수 있다. 망얀 부족에게 이 문제는 옛날이나 지금이나 변한 것이 없다. 미성년자 노동착취, 본인이 원하지 않는 성매매와 같은 문제들을 많은 사람들이 당연하고 익숙한 일로 받아들이고 있었다.

이 부족에게 관심을 가지게 된 또 다른 계기는 희귀한 말라리아 병으로 언제 죽을지 모르는 상황에서도 묵묵히 사역을 계속하시는 한 선교사님에 대한 이야기 때문이었다.

각오는 했지만 막상 출발하고 보니 목적지는 생각보다 훨씬 더 멀었다. 수빅에서 마닐라까지 버스로, 그리고 마닐라에서 승합차door to door로 바탕가스Batangas 항구까지 이동한 후 그곳에서 배를 탔다. 아침 6시에 시작해서 밤 10시까지 계속된 여행이었다. 민도로에 도착한 다음날, 우리는 우리가 방문하고자 하는 망얀 부족이 산꼭대기가 아니라 산자락에 임시 거처를 만들어 살고 있다는 이야기를 듣고 망얀 부족을 만나러 출발했다.

한 시간을 넘게 산길을 걸어서 망얀 부족 마을에 도착했다. 아이들은 낯선 외부인을 보자마자 도망쳐버렸고, 몇몇 아이들만 벽 뒤로 숨어서 얼굴만 빼꼼 내밀고 우리를 관찰했다. 시간이 지나자 이내 호기심 가득한 얼굴을 내밀고 우리를 쳐다보면서 소곤대고 키득거렸다.

내 아내인 말린은 엄마들이 모여 있는 오두막을 찾아갔다. 아내는 자기소개를 하고 그들의 이름을 물어본 후에 아이들과 놀아주고 있었다. 그런데 엄마들이 한두 명씩 사라지더니 나중에는 말린과 한 아이만 남게 되었다. 알고 보니 아이의 엄마가 부끄러워서 아이만 놔둔 채 다른 오두막으로 도망을 친 것이었다. 하지만 이렇게 며칠을 지내다 보니 말린은 어느새 엄마들과 친해졌다.

부족민들은 대부분 결혼을 일찍 했다. 여자들의 경우 월경이 시작되면 바로 결혼을 하고, 남자들도 대부분 십대에 아빠가 되기 때문에 학교도 제대로 다니지 못한다. 이곳으로 우리를 인도한 어니 선교사님 말씀으로는 그분이 이곳을 처음 방문했을 때는 지금보다 상황이 더 나빴다고 한다. 변변한 집도 없이 그저 나무 꼬챙이 두 개를 꽂아서 그 위에 포대자루를 얹으면 그것이 이들의 생활공간이었다.

그래서 처음 세운 것이 학교였다. 산 중턱에 칠판을 설치하고 임시 오두막을 짓고 아이들에게 알파벳을 가르쳤다. 그러자 부족민들이 학교 주위에 임시 거처가 아닌 진짜 집을 짓기 시작했다. 하지만 홍수가 한 번 크게 나서 부족민의 절반이 죽는 사고가 생기자 사람들은 그 땅에 대해 좋지 않은 인상을 가지고 뿔뿔이 흩어져버렸다. 그래도 선교사님은 교육을 시켜야만 이들의 생활환경이 나아질 것이라는 믿음을 가지고, 부모의 동의하에 학령기 이전 아이들을 모아서 기숙학교를 시작했다고 한다.

우리 팀은 2주 동안 망얀 부족과 함께 먹고 자고 생활하면서, 낮에는 어린이 성경학교를 운영하고 밤에는 일을 마치고 돌아온 어른들에게 성경 이야기를 통해 복음을 전하는 사역을 했다. 언어가 통하지 않는 것도 문제였지만 그들이 부끄러움을 많이 타서 가까이 가면 다른 곳으로 자리를 옮겨 피해버리는 바람에 친해지기가 쉽지 않았다.

나와 아내는 이제 겨우 십대 후반밖에 되지 않은 티코라는 가장의 집에서 함께 지냈다. 티코의 가정은 아내와 딸 메를린, 이렇게 세 식구였고 두 평도 안 되는 공간에서 모기장을 치고 잠을 같이 잤다. 하지만 모기장을 쳐도 대나무바닥 틈으로 모기가 들어와서 모기장은 있으나마나였다.

이들은 모기장 하나도 돈을 주고 살 만한 금전적인 능력이 없는 사람들이다. 오죽했으면 꽁치통조림을 먹은 것을 자랑하기 위해서 먹고 남은 생선 기름을 머리에 바른다고 한다. 게다가 농경지가 없는 화전민들이었기 때문에 임시로 거주하는 땅의 주인이 나타나면 쫓겨나서 다시 이동을 해야만 했다. 그래서 그들은 튼튼한 집을 짓지 않고 언제나 임시 거처에서 생활한다. 아이들은 영양실조로 면역력이 떨어져서 자주 아플 뿐만 아니라, 비가 며칠만 와도 폐렴으로 죽는 아이들이 많았다.

망얀 부족은 민도로 섬의 토착민들이기 때문에 땅을 영유할 권리가 있지만, 섬 외부에서 들어온 필리핀 사람들이 해안가에 살던 이들을 산으로 몰아냈다. 정부가 토착 주민의 권리를 지켜주는 제도가 있었지만 서류와 절차가 너무 복잡해서 교육을 받지 못한 부족민들에게는 빛 좋은 개살구에 불과했다. 교육의 부재 때문에 그들은 계속 부당한 대우를 받고 있었던 것이다. 바쁜 농사철에는 본토에서 온 사람들에게 하인처럼 끌려가서 일을 하고 선거철에는 선거후보로 나온 지주들에게 납치, 감금되어 강제로 투표를 한 뒤에 풀려나는 경우도 많다고 한다.

이야기를 들으면서 분노가 치밀어 견딜 수가 없었다. 그들의 상황에 대한 연민과 함께 그들에게 희망을 주고 싶은 마음도 생겼다. 하지만 나는 변호사나 인권운동가로 이곳에 온 것이 아니라 선교사로서 복음을 들고 온 것이다. 나는 이들과 비슷한 삶을 살았던 성경 인물인 요셉의 이야기를 전해주고 싶었다.

빛 한 줄기 없는 어둠 속에서 달빛이 얼마나 밝은지 깨닫게 해주었던 어느 날 밤, 우리가 가져온 꽁치통조림 요리를 먹고 말씀을 듣기 위해 모인 아이와 어른들의 표정이 너무나 아름다워 보였다. 그날 저녁 나는 요셉에 대해 이야기했다. 요셉이 꾼 꿈과 그가 당한 고난에 대해 설명하고, 후에 이스라엘 민족이 성장해서 이집트를 벗어난다는 이야기를 나누었다. 나는 꿈꾸는 사람 한 명만 있으면 이 부족도 하나님의 족속으로 성장해서 하나님께 쓰임 받을 수 있다고 전했다. 그리고 이곳 가운데 단 한 명의 요셉만 있으면 이 부족은 변화될 것이라고 도전했다.

이야기를 마친 후에 그들 중에 제롬이라는 청년이 찾아왔다. 그는 먼저 악수를 청했다. 그리고는 내 손을 꽉 잡고 고맙다고 말했다. 어니 선교사님은 제롬의 말을 통역해주셨는데, 선교사님의 말씀에 따르면 제롬은 내 이야기를 통해서 이 부족의 희망을 보았다고 한다. 제롬 자신이 요셉처럼 하나님의 사람이 되기를 소망한다고 했다.

하루는 아침 일찍부터 제롬이 성경을 더듬더듬 읽고 있는 것을 보았다. 나는 알파벳으로 된 따갈로그어 성경을 읽는 것을 도와주었다. 나는 따갈로그어를 모르지만 제롬이 더듬더듬 읽으면 내가 다시 한 번 읽어주는 방식으로 성경을 읽는 것을 도와주었

로고스호프 이야기

다. 내가 알파벳을 읽어주면 제롬은 '아하' 하는 표정을 지으면서 이제야 그 단어를 이해했다고 말했다. 그러고는 다음 단어들을 읽어갔다.

이런 식으로 성경 한 구절을 읽고 단어들의 뜻을 이해하는 데 10분이나 걸렸다. 하지만 답답함이나 연민의 감정은 조금도 없었다. 하나님의 말씀을 향한 그의 열정에 오히려 내가 도전을 받고 있었다.

그리고 며칠 뒤에 2주간의 사역이 종료되었고 우리는 배로 돌아가야 했다. 이들과 더 머물고 싶은 마음이 컸지만, 내가 지금 부름 받은 곳으로 가야만 하는 것이 선교사의 사명이다.

6개월 뒤 로고스호프가 필리핀에 다시 돌아왔을 때 나는 휴가를 이용하여 다시 한 번 아내와 함께 망얀 부족이 있는 민도로 섬을 방문했다. 그때 제롬과 만나서 그동안의 이야기를 듣게 되었다. 제롬은 민도로 섬 남쪽에 있는 성경학교에 가서 성경을 배우기 위해 준비하고 있었다. 나는 성령 하나님의 인도하심과 함께 망얀 부족의 미래를 향한 그의 믿음과 꿈을 볼 수 있었다.

나는 이처럼 꿈꾸는 한 사람이 나타날 때까지 이 마을에서 14년간 묵묵히 사역한 어느 선교사님의 헌신과 수고를 기억하지 않을 수가 없었다. 그는 자신이 언제 죽을지 모르는 상황에서도 망얀 부족을 향한 꿈을 포기하지 않았다. 그리고 이제 그의 사역이 열매를 맺어 제롬과 같은 학생들이 그와 동일한 꿈을 꾸어갈 것을 생각하니 기쁜 마음을 금할 수 없다. 이들과 함께 먹고 자고 웃고 노는 사이에 어느덧 벌써 돌아갈 날이 되어버렸다. 어느새 정이 들었는지 그 수줍음 많은 아이들이 눈물을 글썽이며 우리를 따라왔다. 나는 이들을 향한 하나님의 계획이 이루어져 가는 것을 조금이나마 엿볼 수 있었기 때문에 즐겁고 편안한 마음으로 돌아올 수 있었다.

세리와 창기의 친구 _박도성 선교사

2009년 로고스호프가 처음 사역을 시작할 때 모든 것이 완벽하게 준비된 상태에서 출범한 것은 아니었다. 로고스호프 프로젝트에는 막대한 비용이 소요되었고 준비기간도 장기화되었지만, 둘로스호가 갑작스레 사역을 종료하는 바람에 서둘러 사역을 시작할 수밖에 없었다. 배에는 선박과 항해에 관한 국제 법규인 IMO에 저촉될 만한 어떤 불법적인 사항도 없었다. 하지만 로고스호프는 배의 정기적인 수리인 드라이독 때마다 많은 시간을 들여야만 했다.

로고스호프는 프로젝트 단계에서부터 발전기의 설치를 뒤로 미루었는데, 이는 항해에 필요한 전력수요 예측 결과와 경제적인 여건 때문이었다. 또한 연간 수십억 원에 달하는 연료비를 절감하기 위한 작업도 준비해야 했다. 그렇기 때문에 2012년 필리핀에서의 드라이독은 너무나 중요한 시간이었다.

보통은 한 달이면 충분한 드라이독인데 이번에는 3개월로 예정되었다는 사실만으로도 벌써 모두들 긴장을 했는데, 거기에서 5개월이 늘어나 8개월이 되면서 많은 사람들이 힘들어하고 지쳐갔다. 한여름 필리핀의 작열하는 햇살을 받은 철판에서는 뜨거운 아지랑이가 피어올랐다. 갑판에 앉을 수도 없을 만큼 뜨거운 곳에서 하루에 10시간 가까이 중노동을 감당하는 것은 조선소의 숙련된 사람들도 감당하기 어려운 일이었다. 많은 선교사들이 지쳐갔다.

대부분의 선교사들은 이런 일에 전문가도 숙련가들도 아니었다. 선교선에서 사역을 하면서 처음 배운 일들이었고, 사명감 하나로 열심히 하기는 했지만 결코 쉽지 않은 시간들이었다. 너무 힘든 나머지 탈진Burn-out하여 집으로 돌아간 사람들도 있었다.

엔진실에서 일했던 에스텔 자매도 번-아웃되어서 집으로 돌아갔다. 에스텔은 스리랑카에서 사역하는 남아공 선교사의 자녀로서 엔진 룸에서 일하는 것을 정말 사랑했던 자매였다. 에스텔이 떠나기 며칠 전에 통로에서 그녀를 만났는데, 나는 번-아웃에 대해 말만 들었지 직접 목격한 것은 그때가 처음이었다.

본인의 의지와는 상관없이 몸이 따라주지 않아서 걸을 때에도 느릿느릿하게 걸었다. 지켜보는 사람들도 말을 건네는 것이 혹시라도 상처를 줄까 봐 쉽게 다가서지 못하는 상황이었다. 그리고 며칠 후에 에스텔은 배를 떠나 부모님이 계시는 스리랑카로 돌아갔다.

하지만 감사하게도 이듬해 배가 스리랑카를 방문했을 때 에스텔을 만나보니 그녀는 완전히 회복되어서 그 사이 어린이를 위한 동화책까지 출판했다. 에스텔은 배에서 일했던 기간이 자신에게 아주 소중한 시간이었으며, 힘들고 어려웠던 시간들조차 하나님께서 사용하시는 것을 경험할 수 있었다고 고백하였다.

그러나 당시 드라이독 때는 에스텔 외에도 체력적·정신적 한계를 호소하는 이들이 많이 있었다. 그런 상황에도 아침부터 저녁까지의 고된 일과를 마친 후에 자발적으로 복음을 전하러 나가는 팀이 있었다.

매주 화요일마다 10여 명의 선교사들이 모여서 수빅의 올롱가포 시에 자리 잡은 YWAM과 연합하여 주변의 술집과 여장남자들에게 복음을 전하고 기도하는 일을 시작했다.

여자 두 명과 남자 한 명이 한 조를 이루어 술집을 방문했다. 술집에 들어가서 여종업원들에게 이야기하기 위해서는 음료수를 주문해야 했다. 하지만 여자들만으로는 술집에 들어갈 수 없었기 때문에 남자 사역자가 동참해야 했다. 두 명의 여자 선교사들은 술집에서 여종업원들의 이야기를 들어주고, 그녀들의 기도제목을 물어보고, 자신들의 경험을 간증하고, 주님을 영접하면 삶이 어떻게 달라지는지 설명해주면서 복음을 전했다.

그것은 하루 이틀 방문해서 끝나는 사역이 아니었다. 지속적으로 방문해서 관계를 맺고 고민도 상담해주고 기도해주어야 하는 관계중심 사역이었다. 그러다 보니 술집의 주인과 관리하는 '마담'의 도움이 상당히 중요했다. 술집에서 일하는 여성의 대부분은 직장을 구하지 못해서 생계를 유지하기 위해 이 일을 하는 것이었다. 특히 남편 없이 홀로 아이를 키우고 있는 여성들은 술집에서 나와 다른 직장을 구한다는 것이 쉽지 않았다.

주님을 영접한 후로 술집에서 나와서 다른 직장을 찾겠다고 결심을 해도 새로운 삶을 시작하는 데 많은 어려움이 따른다. 그렇기 때문에 만남을 통해 지속적으로 도전을 주는 것이 아주 중요했다. 한편 배에서는 중보기도 팀을 조직해서, 사역을 마치고 돌아온 팀에게서 받은 피드백을 토대로 사역 팀이 만났던 한 사람 한 사람을 위해 기도제목을 나누면서 기도했다.

드디어 8개월에 걸친 수리가 종료되었다. 우리는 이곳을 떠나기 전에 그들을 배로 초청하기로 했다. 메인 컨퍼런스 룸에 식탁을 만들어놓고 식사를 준비했다. 음식은 현지 사람들이 즐겨먹는 아도보Adobo를 준비했다.

사람들을 데리고 오기 위해 버스를 대절했다. 버스를 보내면서 우리는 내심 걱정하기 시작했다. '아무도 안 오면 어떡하지?' 평범한 사람들을 초대해도 오지 않는 경우가 있는데 그들의 직업과 상황을 생각하니 걱정이 될 수밖에 없었다.

다행히도 도착한 버스 안에 그녀들의 모습이 보였고, 버스에서 내린 후 배 앞에서 환한 웃음을 띠며 단체로 사진을 찍는 모습이 너무나 즐거워 보였다. 배 안에는 그들이 단원들과 함께 사진을 찍을 수 있는 부스도 마련해두었다. 부끄러워서 사진을 안 찍으려 할 줄 알았는데, 그녀들은 우리 생각과는 너무나 다르게 적극적으로 함께 사진을 찍자고 요청했다. 우리는 형제자매처럼 스스럼없이 서로 어울리는 시간을 가졌다. 밤에 술집에서 보던 겉모습이 아니라 그녀들의 순수한 내면의 모습을 볼 수 있어서 너무 좋았다.

그날의 하이라이트는 다른 것이 아니었다. 그동안 관계를 맺었던 배의 사역자들과 나누는 이야기 자체가 바로 절정이었다. 모두 즐거워했고 얼굴에 웃음을 한가득 머금고 있었다. 모든 것은 우리가 예상했던 것보다 더 아름답고 풍성하게 진행되고 있었다. 하나님께서 주관하고 계신다는 느낌이 강하게 들었다.

'이 일을 하나님이 기뻐하신다. 우리는 이곳에서 단순히 배만 고치고 있었던 것이 아니다.'

우리는 하나님의 배를 짓는 동시에 우리를 이곳에 부르신 하나님의 마음도 가지게 되었다. 준비했던 프로그램이 시작되었고 외국인 사역자들이 그동안 연습한 필리핀 전통춤인 티니클링 댄

로고스호프 이야기

스를 선보였다. 티니클링 댄스는 긴 대나무 장대를 서로 부딪치면서 그 안에서 추는 춤이다. 그들이 공연을 보면서 받은 느낌은 아마도 외국인들이 부채춤을 연습해서 선보이는 것을 한국 사람들이 관람했을 때와 비슷하지 않을까 싶다. 필리핀 전통춤을 추고 난 뒤 방문객 가운데 몇몇 지원자를 불러서 같이 춤을 추었다. 서로 하나가 되어 허물없이 즐겁게 노는 시간이었다.

복음에 관련된 드라마를 함께 관람한 후에 영국에서 온 앤디가 간증을 했다. 그는 어릴 적 삼촌으로부터 성추행을 당했다고 했다. 여자친구와 사귈 때에도 삼촌에게 당한 성추행 때문에 많이 힘들었고 결국은 그 상처 때문에 헤어졌다고 고백했다. 하지만 하나님을 만난 후로 하나님과 올바른 관계가 유지되면서 모든 것이 달라졌다고 간증했다. 그는 예수님의 죽으심으로 우리가 얼마나 큰 은혜를 입었는지 이야기하면서 모두에게 도전을 주었다. 이렇게 이들에게 복음을 전하고 함께 식사를 하고 차를 마시며 교제하는 즐거운 시간이 계속됐다.

그 자리에 참석한 어느 누구도 이 사람들을 거리의 여자로, 술집에서 일하는 사람으로 여기지 않았고, 그들의 성정체성이나 경제적 상황에 대해서 껄끄러운 마음을 갖지 않았다. 그들은 우리의 친구였다. 물론 우리는 예수님이 세리와 창기들과 함께 먹고 마셨으며 그들의 친구가 되신 것을 기억했다. 우리는 예수님이 아니었다. 단지 이 세리와 창기들의 친구였을 뿐이다.

우리는 조심스럽게 예수님을 그리스도로, 자신의 구주로 영접하기를 원하는 사람들을 초청했다. 참석한 사람들 모두가 예수님을 주님으로, 구주로 받아들이고 회개하고 영접기도를 했다.

필리핀 수빅에서 라인업 팀으로 봉사했던 독일 형제 마르셀은 이 장면을 보면서 놀라움을 감추지 못했다. 배가 수빅에 도착했을 당시에 그녀들은 로고스호프의 남자들을 유혹하기 위해서 배를 방문했었다. 그런데 8개월이 지난 오늘은 완전히 다른 이유로 배를 방문한 것이다. 이 행사를 준비했던 남아공 형제 네이션은 "사람들이 울기 시작했고 하나님은 이들의 심령을 어루만지시며 뜨겁게 역사하셨다"라고 말했다.

이들 모두가 진심으로 영접기도를 했는지 어떤지 우리는 알지 못한다. 다만 이들의 입술에서 나온 말들이 하나도 땅에 떨어지지 않기를 기도할 뿐이다. 우리는 떠나지만 하나님은 이들과 함께하셔서 그들이 지속적으로 예수님을 구주로 고백하고 섬기게 하실 것을 바라는 마음으로 그들에게 성경책을 나눠주었다. 그리고 그들이 현지 YWAM 팀에서 제자 훈련을 받으며 1년 동안 같이 생활할 수 있도록 연결해주었다.

이들은 회개하고 예수님을 영접했을 뿐만 아니라 술집과 주변의 상황을 떠나서 그리스도의 제자가 되기로 결심했다. 나는 우리가 이들에게 전한 복음이 우리가 하루 종일 노동으로 드렸던 예배의 결실이라고 믿는다. 우리가 한 일은 단순한 노동이 아니라 기도였고, 우리가 흘렸던 땀 한 방울 한 방울은 우리가 주님께 드린 고백이었다. 나는 그것이 우리를 이곳으로 부르신 하나님에 대한 순종과 신뢰였다고 믿는다.

우리는 멋진 옷을 입은 선교사나 외국인으로 그들에게 다가가지 않았다. 뜨거운 여름의 햇볕에 검게 그을린 하나님의 마음을 가진 조선소 노동자로 그들에게 다가갔다. 극심한 노동으로 우리가 겸손하게 되었는지도 모른다. 노동으로 흘리는 땀은 사람을 정직하고 순수하게 만든다고 믿는다. 우리가 그들과 동등한 입장에서 8개월간 매주 나눴던 교제 자체가 복음이었다고 나는 믿는다. 그토록 힘겨웠던 8개월간의 드라이독은 하나님이 우리에게 주신 복음대로 살아가는 최고의 기회였고, 그것이 바로 하나님이 우리를 이곳으로 부르신 이유였다.

 항구를 떠나며

드라이독이 5개월째 진행되던 시점이었다. 체인지오버 기간이 찾아왔고, 또 다시 사람들이 떠나게 되었다.

"땡동. 선상에 계신 여러분께 알립니다. 사랑 신이 지금 배를 떠납니다. 그러니 작별인사를 하실 분들은 지금 로비로 나오세요."

나는 살림살이를 다 정리하고 꼭 가져갈 것들만을 챙겨둔 가방 두 개를 들고 로비로 나갔다. 로고스호프는 아직 필리핀 수빅에서 수리 중이었기 때문에 많은 단원들이 전도여행을 나갔고, 그래서 나는 그 동안 함께했던 모든 사람들과 일일이 다 인사를 나누지는 못했다. 그래도 남아 있던 사람들과 힘껏 포옹을 하고 축복하며 이별을 고했다.

"I hate you. But I love you"(나는 여러분을 미워하면서도 사랑합니다).

배를 떠나기 전 한 사람 한 사람에게 주어진 고별 간증 farewell testimony 시간에 내가 로고스호프 공동체에게 했던 말이다. 그만큼 2년 동안의 사역 기간을 마치고 배를 떠난다는 것이 어떤 면에서는 아주 속 시원한 일이었다. 하지만 그와 동시에 그동안 가족처럼 함께 지내며 정들었던 사람들을 떠난다는 것은 쉬운 일도 아니었다. 한 식구요 함께 일하는 동료이자 교회 공동체였고, 원수인 동시에 단짝이었던 이들과 헤어질 생각을 하니 아쉬움으로 깊은 한숨이 나왔다.

좀 더 깊이 그리고 좀 더 많은 사람들과 이런 애증관계의 교제를 나누었으면 좋았을 것이라는 생각을 해보았다. 뒤돌아보면 너무 일에만 몰두하여, 사람을 남겨야 하는 사역에서 성과만을 위해 달려온 것은 아닌가 하는 생각도 들었다. 물론 일에 집중할 수밖에 없는 환경이었지만, 그 일의 목적이 사람을 향한 것임을 잊었던 것은 아닌가 하는 아쉬움이 남는다.

그동안 정말 수많은 사람들을 만났다. 나는 배에서 사람들의 다양성과 연약함을 동시에 목격할 수 있었다. 그리고 무엇보다 그 다양성과 연약함을 통해 우리와 신실하게 동행해주신 하나님의 크심을 경험할 수 있었다. 그곳에서 경험한 하나님은 내가 이전에 생각했던 것보다 훨씬 더 크고 광대하실 뿐만 아니라, 우리 모두와 함께하시는 하나님이셨다. 그래서 시간이 갈수록 하나님이 우리에게 베푸신 그 은혜의 무게가 나에게 다른 느낌으로 다가왔다. 달리 말해 '하나님을 더욱더 깊이 만났다.'

하나님은 일상의 노동에서 나를 만나주셨고, 사람들과의 관계에서 그리고 내가 한계에 달해 바닥을 칠 때도 나를 만나주셨다. 주님은 나를 자라게 하셨고, 또 주님은 나를 통해 다른 많은 사람들을 만나주셨다.

짧고도 길었던 나의 로고스호프 이야기는 여기서 끝이 난다. 그러나 로고스호프의 이야기는 나에게서 끝나지 않는다. 아버지의 선교이야기가 오늘 아들을 통해 이어져가듯이 로고스호프의 이야기는 수많은 체인지오버를 거쳐 가며 누군가를 통해 계속 이어져갈 것이다. 나는 내가 로고스호프에서 무엇을 했다고 말하기보다는, 나도 우리 신앙의 선배들이 이어온 이야기의 작은 한 부분을 이어주는 사람이었다고 말하고 싶다. 그리고 이 이야기가 다른 누군가를 통해 계속 이어지길 소망한다.

이것은 비단 로고스호프만의 이야기가 아니다. 전체의 이야기 속에서 로고스호프는 그저 작은 부분에 지나지 않는다. 나는 그것이 하나님의 이야기라고 감히 말하고 싶다. 평범한 사람을 그분의 특별한 방법으로 만나주시고 동역하시며 또 그분의 열심으로 구원을 이루시는 하나님의 이야기라고.

나는 이 하나님의 이야기들이 오늘날 우리를 통해 계속 이어져가길 소망한다. 그 이야기가 배에 관한 것이든, 어떤 나라에 관한 것이든, 아니면 직장과 가정에 관한 것이든 말이다.

오엠선교회
소개

오엠선교회는 1957년 조지 버위에 의해서 시작된 국제 선교단체로 전 세계 110개국에서 6500명의 선교사가 사역을 하고 있습니다. 한국오엠은 1990년에 창립되었으며, 선교회에 각별한 애정을 가지셨던 故옥한흠 목사가 초대 이사장과 명예 이사장을 역임하셨습니다.

해마다 60여 명의 단기 선교사를 파송하는데, 그중 95퍼센트는 20-30대의 젊은이들입니다. 장기 선교사를 포함하면 현재 전 세계에서 약 300명의 선교사가 사역을 하고 있습니다. 한국오엠은 동원, 훈련, 파송 그리고 돌봄에 주력함으로써 보다 많은 사람들이 실제적으로 선교에 헌신하게 하는 통로의 역할을 하기 위해 노력하고 있습니다.

선교사 모집

Global Challenge(1년 선교사): 매년 4월과 9월 모집

Global Action(2년 선교사): 매년 9월 모집

장기사역자: 수시 (자격: 오엠에서 2년 이상 혹은 타 단체에서 3년 이상 사역자)

단기프로그램: 연중 수시 모집(2주-3개월 과정) / 러브유럽(Transform),러브아시아
(OCZ), 단기승선프로그램(STEP), ELCO(영국, 버밍햄), 아프리카 트랙 외 다수

* 자세한 사항은 홈페이지 참조

오엠 글로벌 선교센터OM Global Mission Center를 위한 후원

지난 1990년 이후 한국 오엠은 한국의 젊은이들을 훈련하고 파송하는 일을 감당하여 왔습니다. 앞으로 연간 120명 이상의 선교사에게 안정적인 훈련과 돌봄을 제공할 훈련센터의 건립을 준비 중입니다. 이를 통해 한국 오엠 파송 선교사뿐만 아니라 한국 교회와 선교 관심자를 섬김으로 해외 선교지와 한국 교회를 이어주는 가교의 역할을 하고자 합니다. 여러분의 손길을 통해 작은 기적을 만들어 주십시오!

* 국민은행 030390-29-864344 (OMGMC)

홈페이지 http://www.omkorea.org

페이스북 http://www.facebook.com/omkorea

네이버 카페 http://cafe.naver.com/omission

로고스호프 이야기

항구에서 항구로 그리스도의 희망을 나르는 젊은이들의 이야기

Copyright ⓒ 한국오엠국제선교회 2014

1쇄발행_ 2014년 5월 10일

지은이_ 신사랑 외
펴낸이_ 김요한
펴낸곳_ 새물결플러스
편 집_ 강예림·노재현·박규준·왕희광·정인철·최율리·한재구
디자인_ 이혜린
마케팅_ 이성진
총 무_ 김명화

홈페이지 www.hwpbooks.com
이 메 일 hwpbooks@hwpbooks.com
출판등록 2008년 8월 21일 제2008-24호
주소 (우) 158-718 서울특별시 양천구 목동동로 233-1(목동) 현대드림타워 1401호
전화 02) 2652-3161
팩스 02) 2652-3191

ISBN 978-89-94752-68-6 03230

책값은 뒤표지에 있습니다.

이 도서의 국립중앙도서관 출판시도서목록(CIP)은 서지정보유통지원시스템 홈페이지
(http://seoji.nl.go.kr)와 국가자료공동목록시스템(http://www.nl.go.kr/kolisnet)에서
이용하실 수 있습니다(CIP제어번호: CIP2014013383).